INTRODUÇÃO À

SOMA

TERAPIA E PEDAGOGIA ANARQUISTA DO CORPO

copyright Circuito & Hedra
edição brasileira© Circuito 2020

organização da coleção Acácio Augusto e Renato Rezende
edição Jorge Sallum
coedição Felipe Musetti
assistência editorial Paulo Henrique Pompermaier
capa Ronaldo Alves
ISBN 978-85-9582-055-5

conselho consultivo Amilcar Parker,
Cecília Coimbra (TNM/RJ e UFF),
Eduardo Sterzi (UNICAMP),
Heliana Conde (UERJ),
Jean Tible (DCP/USP),
João da Mata (SOMA),
Jorge Sallum (Hedra),
Margareth Rago (Unicamp),
Priscila Vieira (UFPR),
Salvador Schavelzon (UNIFESP),
Thiago Rodrigues (UFF)

Grafia atualizada segundo o Acordo Ortográfico da Língua Portuguesa de 1990, em vigor no Brasil desde 2009.

Dados Internacionais de Catalogação na Publicação – CIP

M425   Mata, João da
Introdução à Soma: terapia e pedagogia anarquista do corpo / João da Mata. Apresentação de Edson Passetti. – Rio de Janeiro: Circuito, 2020. (Coleção Ataque)
106 p.

ISBN 978-85-9582-055-5

1. Somaterapia 2. Psicoterapia. 3. Terapia política. 4. Movimentos sociais. 5. Anarquismo. 6. Roberto Freire I. Título. II. Terapia e pedagogia anarquista do corpo. III. Série. IV. Passetti, Edson.

CDU 159.9   CDD 301.15

Direitos reservados em língua portuguesa somente para o Brasil

EDITORA CIRCUITO LTDA.
Rua Visconde de Inhaúma, 134, grupo 1215 - Centro
20091-007, Rio de Janeiro-RJ, Brasil
Telefone/Fax +55 21 2205 3236

editoracircuito.com.br

Foi feito o depósito legal.

INTRODUÇÃO À SOMA
Terapia e pedagogia anarquista do corpo

João da Mata

1ª edição

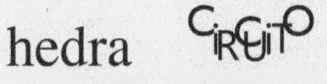

hedra circuito

Rio de Janeiro   2020

▷ **Introdução à Soma: terapia e pedagogia anarquista do corpo** trata de um processo terapêutico realizado em grupo, corporal, e que busca no pensamento anarquista uma crítica às mais variadas forma de poder impregnadas no comportamento individual e nas relações sociais. O grupo de terapia funciona como um micro-laboratório social, no qual desenvolvemos uma análise libertária do comportamento de cada um a partir da relação junto ao outro. Daí vem sua originalidade: terapia como criação e afirmação de si, em que a construção das práticas de liberdade é o antídoto para combater os conflitos gerados pelas relações sociais hierarquizadas. O presente livro é uma "porta de entrada" a esta técnica terapêutica libertária. Aqui encontram-se os principais conceitos, as bases teóricas e a metodologia da Soma. Em linguagem simples e direta, deve despertar o leitor para os caminhos singulares e insurgentes em direção à construção de práticas alegres, afirmativas e guerreiras.

▷ **João da Mata** tem 50 anos, é somaterapeuta, Psicólogo (CRP. 29962/05), Mestre em Filosofia e Doutor em Psicologia (UFF) e Doutor em Sociologia Econômica e das Organizações (Univ. de Lisboa – Portugal). Pós-Doutor em História (UFF). Seu primeiro contato com Roberto Freire e a Soma aconteceu em 1988, em Recife – PE, desde então vem pesquisando-a e divulgando-a. Em todos estes anos, coordenou grupos de terapia em várias cidades brasileiras (Recife, Fortaleza, Salvador, Rio de Janeiro, São Paulo, Curitiba, Florianópolis, Porto Alegre etc.) e na Europa (Lisboa, Barcelona e Madrid). Publicou em 1993, junto com Freire, o livro SOMA – *Vol. III – Corpo a Corpo* (Ed. Guanabara Koogan). Em 2001 lançou *A Liberdade do Corpo* (Ed. Imaginário). Em 2006 publicou junto com Freire *O Tesão pela Vida* (Ed. Francis), e em 2007, o livro *Prazer e Rebeldia – o materialismo hedonista de Michel Onfray* (Ed. Achiamé). Além dos grupos da Soma, desenvolve atendimento individual utilizando-se da técnica somática.

Sumário

Apresentação, *por Edson Passetti* 9

Conceitos básicos da Soma 13
Definição da palavra Soma   13
A autorregulação organísmica   17
A originalidade única do ser   21
A política do cotidiano   25
A relação agressividade x violência   27
As bases teóricas da Soma 31
A psicologia política e corporal de Wilhelm Reich   33
O aqui-e-agora da Gestalt-terapia   40
Antipsiquiatria e a gramática da loucura   46
Por uma psicologia da autonomia   53
A metodologia da Soma 61
A formação de um grupo de Soma   61
As sessões de terapia   62
A dinâmica de grupo autogestiva e os grupões   66
As cadeiras quentes e o encerramento do processo   70
Desenvolvimento do Processo Terapêutico   72
A arte-luta da capoeira angola   76
Considerações sobre uma psicologia libertária 81
O anarquismo somático e a terapia   83
Erotismo, sensualidade e sexualidade como potências da vida 88
Por uma erótica solar   91
O intolerável e a vida livre   95
Nota 103

A COLEÇÃO ATAQUE *irrompe sob efeito de junho de 2013. Esse acontecimento recente da história das lutas sociais no Brasil, a um só tempo, ecoa combates passados e lança novas dimensões para os enfrentamentos presentes. O critério zero da coleção é o choque com os poderes ocorrido durante as jornadas de junho, mas não só. Busca-se captar ao menos uma pequena parte do fluxo de radicalidade (anti)política que escorre pelo planeta a despeito da tristeza cívica ordenada no discurso da esquerda institucionalizada. Um contrafluxo ao que se convencionou chamar de onda conservadora. Os textos reunidos são, nesse sentido, anárquicos, mas não apenas de autores e temas ligados aos anarquismos. Versam sobre batalhas de rua, grupos de enfrentamento das forças policiais, demolição da forma-prisão que ultrapassa os limites da prisão-prédio. Trazem também análises sobre os modos de controle social e sobre o terror do racismo de Estado. Enfim, temas de enfrentamento com escritas que possuem um alvo. O nome da coleção foi tomado de um antigo selo punk de São Paulo que, em 1985, lançou a coletânea* Ataque Sonoro. *Na capa do disco dois mísseis, um soviético e outro estadunidense, apontam para a cidade de São Paulo, uma metrópole do que ainda se chamava de terceiro mundo. Um anúncio, feito ao estilo audaz dos punks, do que estava em jogo: as forças rivais atuam juntas contra o que não é governado por uma delas. Se a configuração mudou de lá para cá, a lógica e os alvos seguem os mesmos. Diante das mediações e identidades políticas, os textos desta coleção optam pela tática do ataque frontal, conjurando as falsas dicotomias que organizam a estratégia da ordem. Livros curtos para serem levados no bolso, na mochila ou na bolsa, como pedras ou coquetéis molotov. Pensamento-tática que anima o enfrentamento colado à urgência do presente. Ao serem lançados, não se espera desses livros mais do que efeitos de antipoder, como a beleza de exibições pirotécnicas. Não há ordem, programa, receita ou estratégia a serem seguidos. Ao atacar radicalmente a única esperança possível é que se perca o controle e, como isso, dançar com o caos dentro de si. Que as leituras produzam efeitos no seu corpo.*

ACÁCIO AUGUSTO *&* RENATO REZENDE

*Para os participantes dos grupos da Soma.
São eles que nos ensinam e ajudam
na criação de nossas heterotopias.*

Apresentação
Soma para potências de liberdades

EDSON PASSETTI[*]

Anarquismo somático. E que venham anarquias e muitos mais anarquismos singulares, firmes, preciosos e sintonizados com a atualidade. Como veio Roberto Freire, um homem especial e comum, libertário encenador, jornalista, escritor, guerreiro, médico, terapeuta e inventor de *soma*.

Soma, uma terapia anarquista: escultura de si para a vida livre. *Soma*: uma vivência lúdico-socializante de libertação diante de situações opressivas. *Soma* é uma reviravolta em si, em grupo e com o somaterapeuta em breve tempo e de maneira autogestionária. É uma experimentação repleta de novidades, viagens, danças, lutas e amizades. É tudo isso e um pouco mais, apresentado de maneira generosa por João da Mata.

O leitor propício à *somaterapia*, um libertário, um estudante de psicologia, um ativista da antipsiquiatria, um acadêmico, um jovem ou adulto, interessados em liberdade encontrarão neste consistente livro uma exposição sobre a história da *Soma*, seus fundamentos, práticas e ressonâncias na atualidade.

---

[*]. Professor Livre-Docente de Ciências Políticas da PUC-SP.

O platonismo, o cristianismo e o cartesianismo, dentre tantos *ismos* que afirmam condutas, não encontram repercussões em *Soma*. Aqui, não há corpo apartado da razão, mas corpo indissociável da razão surpreendendo e desestabilizando a moral e as extensões corporais no trabalho, no conhecimento, na existência. Corpo não como lugar de normalizações, espaço das domesticações das emoções e da adaptação para a ordem. Apenas *soma*: espaço de libertação de opressões, de bloqueios e de modelos. E como tal *soma* é antes de tudo um risco para cada um, o grupo e o somaterapeuta. *Soma* potencializa liberdades e dissolve o poder do terapeuta em função do prazer e da afirmação das singularidades. *Soma* relações horizontais desestabilizando estruturas.

Na *Soma* cada pessoa é "única". *Soma* é a revolta contra o "indivíduo massificado", as hierarquias, as sujeições, o poder do superior que domina, disciplina e controla. É também um modo de rompimento com o assujeitamento, essa prática eficaz de disseminar o amor à obediência, ao conformismo, à domesticada participação institucional, aos duplos-vínculos.

Soma só pode acontecer em grupo, pois são as pessoas associadas sem hierarquias que afirmam sua vida única. Elas provocam a possibilidade de convivência com as diferenças na igualdade, o que é próprio dos amigos. Pela *Soma* se rompe com as neuroses disseminadas pela sociedade. João da Mata sublinha, incisivamente, que a *Soma* é para ser vivida em grupo e de maneira autogestionária para que cada um defenda "sua unicidade, autorregulação espontânea e originalidade única".

Com a *Soma* avançamos sobre o fluxo das normalizações e provocamos a força de uma "política do cotidiano". Questionamos os autoritarismos não pelos excessos ou perversões do soberano, mas a verticalidade das relações de poder. Abrimo-nos para a liberdade no acasalamento, na família, no trabalho, na nossa existência. Não tememos investir contra a ordem.

Soma atiça nosso instinto de irritabilidade em função de uma "agressividade como potência", diferenciada dos animais e do que se convencionou chamar de Homem, essa representação oblíqua da existência de cada um reduzida a um universal que nos dispõe às variadas ideologias dos reformadores, restauradores e de certos revolucionários.

Soma começou como luta contra a ditadura militar. Sua instauração está relacionada a pensadores que procuraram contestar a ordem e afirmar pessoalidades por meio de suas experiências. Compuseram, pela delicadeza de Roberto Freire, um grupo de referência para a fundamentação de suas propostas voltadas para liberar e equilibrar energias de um corpo assolado por neuroses.

A *somaterapia* atua no cotidiano, no "aqui-agora". Não é tratamento nem administração de neuroses, mas uma maneira de lidar com a percepção nas situações de vida. O somaterapeuta anda com Wilhelm Reich, a beleza do sexo e liberação de couraças. Conversa com Fritz Perls incorporando suas contribuições relativas a como equacionar as situações de vida que abrimos e que precisam ser concluídas. Alerta para o fato que podemos conter o aparecimento da neurose fortalecendo em cada um a sua capacidade de decisão. De David Cooper veio a imprescindível contestação à psiquiatria e à noção de doença mental. Na companhia de Gregory Bateson aprendemos a problematizar a noção de *cura*, pois a relação doença-cura-doença não está no horizonte dos praticantes de *soma*. Ao contrário, *Soma* libera cada único das possíveis prisões pelos "duplos-vínculos".

A *Soma* existe pela formação de um grupo de pensadores cujas práticas não dissociam corpo e razão como Roberto Freire e os jovens somaterapeutas, Wilhem Reich, Fritz Perls, David Cooper,

George Bateson e mais recentemente o libertário filósofo francês Michel Onfray. *Soma* é para mudar a vida e não para adaptar qualquer indivíduo à sociedade. *Soma* é própria do somaterapeuta e seu grupo de pensadores, do grupo de pessoas livres que iniciam a *Soma*, deste grupo com o somaterapeuta e de cada único nas associações que inventará posteriormente. *Soma* não é propriedade de ninguém!

Soma é para quem gosta de gente, para quem aprecia lutas de libertação, resistências, maneiras de dar forma à liberdade. Anda com pensadores sobre o corpo e também incorpora práticas de libertação de escravos como a capoeira angola. *Soma* é pensamento e prática heterodoxos não confinados a um espaço exclusivo. Está na sala, no galpão, no terreiro e se desloca com o bando nômade por espaços abertos e amplos, culminando, depois de palavras, gestos, silêncios, danças e lutas, num cara a cara de cada único com o somaterapeuta e com os demais nômades. *Soma* é um jeito de existir único, rebelde e inventor de outras maneiras de realizar a utopia da existência livre. De lutar no presente para se livrar do capitalismo de hoje e dos socialismos ultrapassados.

Soma é um jeito anarquista pra quem quiser! Entre pelo livro de João da Mata. Habite a *Soma* e desabitue-se de normalizações. Se isso *te* levar às práticas anarquistas ficaremos mais fortes, mas se a sua passagem *te* der e você nos der um pouco mais de liberdade, também estaremos satisfeitos por compartilharmos a *sinceridade* dos livros.

Conceitos básicos da Soma

DEFINIÇÃO DA PALAVRA SOMA

A Somaterapia traz em seu nome a inscrição mais clara e direta de sua proposta terapêutica: uma terapia feita a partir do corpo em sua totalidade. A palavra Soma foi adotada por Roberto Freire ao buscar uma expressão que ultrapassasse as noções de psiquismo e racionalidade. No início de suas pesquisas, ainda no começo dos anos de 1970, as investigações de Freire vieram a constituir-se como uma espécie de *antipsicoterapia*, embasadas nas descobertas reichianas e nas práticas libertárias. Apenas em 1976 seu trabalho passa a ser nomeado de Somaterapia, quando então procura valorizar a importância do corpo enquanto totalidade somática.

A palavra *soma* vem do grego e significa *corpo*. Porém, quando nos referimos ao corpo, não estamos meramente falando do que está abaixo do pescoço, como é comum pensar. Mas à totalidade do ser, respeitando um princípio unicista, segundo o qual o importante é o todo somático, sem divisões entre corpo e mente ou mundo sensível e mundo das ideias, por exemplo. Nos interessa compreender o funcionamento da vida a partir do conjunto dessa vida, sem hierarquia de alguma função vital e emocional sobre quaisquer outras.

Assim, na Soma, trabalhamos com a noção do ser humano em seu conjunto funcional e dinâmico do ser, no qual o indivíduo é uma unidade indivisível. Esta compreensão da existência humana busca desenvolver uma visão de totalidade, superando práticas e teorias que favoreçam a fragmentação e alienação do indivíduo, sem levar em conta as condições sociais, históricas, de gênero e de raça e tantas outras que incidem na produção de nossa subjetividade

Qualquer divisão funcional, utilizada no tratamento dos conflitos e impasses humanos, tende a desprezar ou minimizar a forma como cada um sente e percebe sua inscrição no mundo e a maneira como lida nele. Elas podem servir apenas para a compreensão didática da vida, mas nunca para avaliar a complexidade e dinâmica da existência humana. Isolar uma parte do todo para efeito de estudo de algum distúrbio leva a um diagnóstico limitado e insuficiente.

Isto explica por que eliminamos o prefixo "psico" do nosso trabalho terapêutico. Não entendemos que a Soma seja uma psicoterapia, no sentido usual que este termo é utilizado. Isto porque não considerarmos ser a mente o foco de ação terapêutica, e sim todo o soma, toda a pessoa, com a mente inclusive, mas fazendo parte do todo somático. A Somaterapia se constitui desta forma como um processo no qual o pensamento e a razão são utilizados a serviço do entendimento da vida, porém nunca de maneira exclusiva ou prioritária. Procuramos valorizar também *como* a pessoa sente e percebe a vida, quais os fatores que o emocionam, que produzem mais prazer ou satisfação, dor ou tristeza, por exemplo. Enfim, procuramos entender a vida de forma mais ampla que meramente pela via da compreensão racional.

O pensamento unicista foi combatido de várias maneiras e formas durante o percurso histórico da humanidade. A ideia da separação entre mente e corpo, ou melhor dizendo, entre mundo sensível e mundo das ideias, remete à tradição platônica. Para o platonismo, o corpo e a alma estão separados, e mais, são incompatíveis um com o outro. O corpo é visto como um cárcere e consequentemente um empecilho para a prática do pensamento. É no corpo que nascem e desenvolvem-se os desejos e prazeres, os temores e as imaginações, todas elas sensações fúteis que, para o platonismo, impedem o acesso à verdade. O que importa é a alma, e o comando que ela exerce sobre o corpo. Para isto, é preciso desprezar a matéria, pois ela é vista como uma prisão que impedirá que se cuide das virtudes da alma.

Platão, em *Fédon*, sugere que se esqueça do corpo e se busque, da melhor maneira possível, ocupar-se dos cuidados da alma para poder examinar os objetos em si apenas com ela. Segundo o filósofo, o corpo exige uma demanda de cuidados por demais custosos, entre os quais a alimentação, o vestuário, o cuidado com a saúde, entre tantos, além de sentimentos como o medo, a tristeza, o desejo, enfim, uma demanda de sensações que atrapalham a alma a ascender ao verdadeiro conhecimento. Através do corpo, não é possível conhecermos puramente nada. O que é preciso fazer, para o platonismo, é afastar-se das sensações corporais e aproximar-se estritamente do conhecimento, que fornecerá informações precisas e verdadeiras sobre a vida.

Esta noção foi muito bem aproveitada e estendida à cultura moderna pelo cristianismo, que acreditava ser o espírito mais importante que a matéria. O platonismo estabelece uma irredutível oposição entre corpo e alma, que no cristianismo se dará sob a forma de carne e espírito. Tal dualidade trouxe consequências marcantes à civilização ocidental, para a qual, de um lado, a alma apresenta-se como modelo e, do outro, o corpo como exemplo negativo a ser evitado. O inteligível, o espiritual e a visão idealista que despreza o sensível, o corpo, a carne e o prazer, passam a constituir uma moral dominante que segue firme até os dias de hoje. Sob o ponto de vista psicológico, além de limitar a compreensão e o entendimento da existência, produz sérios bloqueios sensoriais, sensuais e afetivos.

Mais tarde, foram os racionalistas que vincularam a existência humana ao pensamento. Descartes criou uma das mais famosas afirmações da filosofia, através do conhecido aforismo "Penso, logo existo", que aparece pela primeira vez em *O discurso do método* (1637). A afirmação sugere que o pensamento e a consciência do pensar são os verdadeiros substratos da existência. E mais: sua função está hierarquicamente acima e é mais importante que o corpo.

O racionalismo está presente em boa parte da nossa cultura. A visão racional do homem enfoca a mente como a parte de maior valor na experiência humana. O corpo, de importância secundária, serviria apenas de sustentação para a mente, o local privilegiado da existência. A separação abissal que se anuncia a partir daí produz um corpo esquizofrênico, cindido em duas partes que supostamente funcionam com o pensamento e suas operações mais refinadas de um lado; e o corpo e seu funcionamento biológico e primário de outro.

Na Soma, o uso da razão e consequentemente o entendimento racional sobre a vida e seus conflitos abrange uma dimensão fundamental do processo terapêutico. No entanto, buscamos também a compreensão de tais impasses através das emoções, das sensações, dos prazeres, enfim, de um conjunto de informações que advém da corporeidade, de uma sabedoria que o corpo possui e que nos auxilia a perceber a vida além do pensamento. Seria algo próximo do que disse, certa vez, o poeta Fernando Pessoa, em *O guardador de rebanhos*: "E os meus pensamentos são todos sensações. Penso com os olhos e com os ouvidos. E com as mãos e os pés. E com o nariz e a boca". Entendemos que os pensamentos são afetados e afetam sensações e emoções; da mesma forma que o jeito como sentimos algo, como nos emocionamos por determinados estímulos estéticos, éticos ou sociais, incidem sobre a forma como processamos ideias e pensamentos.

Assim, entendemos que os sentimentos exercem forte influência sobre a razão. Isso não significa dizer que a razão tenha menor importância que as emoções ou que haja alguma forma de mensurar a presença de cada uma na condução da vida. Reconhecer e saber agenciar sentimentos e emoções, em suas complexas redes de funcionamento e influências socioculturais, requer de cada um perceber-se como um organismo que possui funcionamentos integrados e se encontra permanentemente interativo com o meio ambiente físico e social.

Para a Soma, portanto, tal compreensão do ser humano — seu corpo, emoções, pensamentos, cultura, manifestações sociais e história de vida — compõem um quadro unicista. Toda concepção unicista está amparada na ideia de que cada indivíduo é um universo em si próprio. Uma experiência ampla e complexa e ao mesmo tempo completa. Esta maneira de entender a vida humana faz com que a Somaterapia se ocupe em desenvolver seu processo levando em consideração o todo da existência de cada pessoa: seu corpo (pensamentos, emoções, sensações etc.) e suas extensões corporais (trabalho, conhecimento, vida social etc.).

A AUTORREGULAÇÃO ORGANÍSMICA

Outro conceito fundamental ao entendimento e objetivos da Soma diz respeito à autorregulação. Uma pessoa que vive a sua unicidade dispõe de um mecanismo próprio e singular que lhe auxilia a determinar sua existência no mundo. Este é o *princípio da autorregulação espontânea*, uma capacidade que todos temos de gerir e regular nossas vidas. Defendemos que, fora o necessário aprendizado dos costumes sociais e culturais que se vive num determinado momento, cada pessoa detém capacidades próprias em criar e adequar suas funções vitais ao que necessita e deseja, e o faz de forma satisfatória se não for bloqueada ou ensinada a agir de determinadas maneiras a partir de referenciais colocados como corretos ou normais.

Isto nos dá uma condição prática e despretensiosa em relação à terapia. Para isso, é preciso localizar o bloqueio, o que bloqueia a vida de uma pessoa, como ela está bloqueada, e ajudá-la a se desbloquear. Quando ela conseguir isto, suas funções vitais tendem a se reorganizarem e operarem a partir de ações próprias. Estas funções vitais dizem respeito aos mecanismos básicos da vida, tais como a vivência do amor, da sexualidade, da criatividade, da convivência social e uma série de outros campos da existência.

A autorregulação é uma condição psicológica e política necessária a uma vida autônoma. É a capacidade que temos de governar nossa própria vida, direcionar nossa existência segundo nossas criações, nas rotas e nos caminhos que cada um constrói de acordo com suas experiências, demandas e possibilidades. Autorregular nossa vida é saber respeitar nossos desejos e demandas, articulando-os com o meio em que estamos inseridos, através de um cálculo sempre novo entre o *eu* e o *outro*. O prazer torna-se nosso principal referencial ético na elaboração de uma "escultura de si", onde cada pessoa constrói sua existência dando a forma e os contornos que deseja.

Este conceito, tal como entendemos, surgiu dos estudos de Fritz Perls (1893–1970), criador da Gestatl-terapia. Ele sugeriu que cada pessoa tem a capacidade de reconhecer sua "autorregulação organísmica", ou seja, definir sua existência no mundo a partir do que o seu organismo sinaliza como mais ou menos importante a cada momento de sua vida. Assim, cada ser se autorregula conforme a necessidade do próprio organismo, no aqui e agora. Esta noção de organismo é bem mais do que está abaixo de nossa pele, mas diz respeito ao conjunto de fatores que nos constitui como sujeitos: nossa trajetória de vida, questões políticas e econômicas, de gênero e raciais, históricas e culturais etc., enfim, a uma séria de atravessamentos que agiram e continuam agindo na permanente produção de nossa singularidade e aos processos de subjetivação por cada um vivenciado.

Então, poderíamos afirmar que uma pessoa autorregulada dá à sua vida ritmo e forma de acordo com as suas necessidades e prioridades. Ela ama as pessoas que mais lhe agradam, trabalha naquilo que sente maior aptidão e competência, convive com as pessoas que mais se identifica. A autorregulação espontânea é determinada pela busca do prazer, que representa um importante referencial, auxiliando cada um na capacidade de guiar sua própria existência.

Uma das características que podemos sinalizar no estado neurótico é o distanciamento da autorregulação em direção à heterorregulação (do grego *hetero*, que significa diferente, irregular). Uma situação neurótica muitas vezes está diretamente relacionada a um mecanismo heterorregulador, impossibilitando a pessoa de conduzir sua vida a partir de suas próprias demandas e necessidades. Ao contrário, quando não consegue identificá-las, tende a "copiar" modelos de comportamentos, condutas aprendidas nas relações sociais ou mesmo em padrões estereotipados de proceder na vida, muitas vezes repetidos ou automatizados. Gasta-se muita energia vital neste tipo de representação, além, claro, de ser inútil.

Muitas das dificuldades apresentadas em terapia dizem respeito à incapacidade ou inabilidade que algumas pessoas têm para definir o que querem e gostam, em eleger seus campos de desejos. Um conflito neurótico emerge, por exemplo, quando a pessoa vive a representação de papéis e personagens que correspondem às expectativas alheias, distantes de suas próprias referências. Daí a sensação de incompetência e impotência geral, sobretudo amorosa e criativa, decorrente da falta de energia desperdiçada pela heterorregulação, quase sempre atrelada à necessidade de agradar ou atender as demandas de outrem.

Adotando referenciais externos, a vida de uma pessoa heterorregulada distancia-se da realização do seu próprio prazer. A heterorregulação é consequência direta das práticas que regem a sociedade em que estamos inseridos, geralmente autoritária e massificante, que governa condutas e oferece padrões de comportamento, sutil ou explicitamente, aos indivíduos que a compõe. Isto acontece sob a forma de valores morais, de leis e normas que surgem de várias fontes: da mídia, do Estado, das religiões, do mercado, das escolas e principalmente da molécula básica da sociedade — a familiar tradicional, geralmente chantagista e controladora.

Ainda na infância, convivemos com relações que misturam amor e carinho com chantagens e autoritarismos, limitando e condicionando nossos gostos, preferências e escolhas. O medo de perder o amor e a proteção dos pais torna a criança vulnerável e sem condições de reagir, a não ser conformando-se e submetendo-se. Esta educação é reforçada de forma geral nas escolas, que em sua grande maioria apoia-se em práticas disciplinadoras, fortalecendo a apatia e diminuição do poder crítico das pessoas. Educadas em ambientes autoritários, a maioria das pessoas acabam por chegar à vida adulta dependentes e inseguras, o que só faz aumentar a sensação de heterorregulação diante de suas relações sociais. Nas sociedades autoritárias e hierarquizadas, o poder e o controle substituem o prazer e a autonomia.

A presença cotidiana da autoridade não deve ser confundida com o jeito rude de falar ou com o tom agressivo na voz, ainda que estes possam ser componentes eventuais do autoritarismo. Nos lares, nas escolas e em outros espaços da sociedade, muitas vezes o autoritarismo vem dosado em tom suave, até meigo, e sempre muito bem intencionado, para o "nosso bem". No exercício de governar a vida dos outros, os mecanismos de autoritarismo, ontem e hoje, se transvestem em roupagens das mais diversas, que vão do pai repressor e violento até aquele que ouve e dá "bons conselhos".

Assim, a heterorregulação é determinada pelo exercício do autoritarismo e da submissão, implícitos ou explícitos. Procuramos, no decorrer do trabalho da Soma, auxiliar cada indivíduo na construção criativa de sua autonomia, passando pelo reconhecimento e pelo exercício cotidiano de sua autorregulação, assim como pelo enfrentamento dos mecanismos heterorreguladores.

Ao estabelecer uma análise crítica do comportamento individual e social dos membros do grupo, buscamos perceber como ocorreram ou continuam a ocorrer os mecanismos pelos quais as pessoas acabam por delegar poder a outras, seja por preocupação excessiva com a opinião alheia, seja por colocarem-se no lugar de assujeitadas. O que nos interessa como processo terapêutico libertário é favorecer meios e instrumentos com os quais as pessoas possam exercer suas práticas de liberdade, com capacidade de entendimento e decisão, e que rejeitem a servidão voluntária.

A ORIGINALIDADE ÚNICA DO SER

Como temos até aqui mostrado, a Soma enquanto terapia libertária busca estimular as pessoas à vivência de sua autorregulação, e para tanto, enfrentar os mecanismos de poder que bloqueiam sua autonomia. Tal objetivo visa combater a existência de comportamentos que são oferecidos como modelos nos diferentes espaços da malha social, levando as pessoas ao exercício da diferença na condução de sua existência. Este caminho propicia o encontro e a prática do que há de único nas pessoas, o que chamamos de *originalidade única do ser*.

Este deveria ser o objetivo de qualquer terapia: facilitar o indivíduo ao exercício de sua singularidade, rompendo, para isso, as amarras que foram impregnadas ao longo de sua formação, desde aquelas surgidas a partir de práticas repressivas ou mesmo outras sugeridas como adequadas e normais. No entanto, o que observamos em alguns casos são práticas terapêuticas adaptadoras, sem nenhuma função transformadora e revolucionária. Quando a psicologia opera nestes termos, distante de uma análise política dos conflitos emocionais, torna-se meramente um agente a serviço das práticas de poder, auxiliando a adaptação das pessoas à sociedade tal qual ela é e funciona, sem estabelecer uma análise crítica dos mecanismos normatizadores presentes nas relações humanas. Entendemos que um processo terapêutico deve ocupar-se de perspectivas que incidam em uma direção diametralmente oposta: fomentar a luta incessante pelo exercício do que há de mais singular na vida de uma pessoa, mesmo vivendo em uma sociedade hierarquizada e massificadora.

O que existe em alguém e o diferencia dos outros é o resultado de diferentes acontecimentos que ocorrem ao longo de sua vida. Os processos de subjetivação derivam da permanente conexão entre fatores sociais, culturais, urbanísticos, econômicos e ético-políticos, que se inscrevem em um determinado tempo histórico na vida da cada um de nós. A noção de singularidade vista como identidade cede lugar ao múltiplo, em permanente devir para atualizar-se nas modulações de si e em seu entorno. Podemos ser semelhantes em diversas características, tanto na morfologia e fisiologia, quanto no comportamento. Porém, existe algo singular, próprio de cada ser, que nunca houve, não há e nem haverá nunca em outra pessoa.

CONCEITOS BÁSICOS

A ideia da originalidade única não é algo estanque, rígido ou mesmo um ponto a ser atingido. Também não se trata da noção de essência, algo pronto ou *a priori* que existe em alguém. Ela é dinâmica e está em constante transformação e construção. O que se define como singular num determinado momento de vida pode se transformar em algo novo, dependendo das afetações internas e externas, mudanças de rumos de vida, enfim, do próprio movimento da existência.

Nesta perspectiva, nosso referencial de saúde aponta para a vivência da originalidade única, para o exercício da autorregulação e pela busca da unicidade. Resultado de uma cartografia pessoal, este processo é criado por cada um, através de caminhos sinuosos e inéditos, que desembocam em uma estética da existência. Há um sentido de beleza cada vez que nos construímos por meio de uma elaboração de si e criamos práticas livres em diferentes espaços de nossas vidas. Ao mesmo tempo, estas práticas criam linhas de fuga a um social que não cessa em querer moldar individualidades.

Toda vez que alguém não consegue expressar sua singularidade como ser, acaba reproduzindo padrões e personagens sociais aprendidos. Umas das características da neurose é exatamente o rompimento, causado por bloqueios externos, da unicidade, o que torna a pessoa dividida, fraca, insegura e impotente. Isto acontece na medida em que tais bloqueios impedem o livre funcionamento da autorregulação espontânea do nosso organismo. Nestas condições, o exercício da diferença fica bastante comprometido.

Isso explica, ao menos em parte, a relação adotada por nós entre psicologia e política. Indivíduos presos aos padrões de comportamento de um determinado conjunto de valores identitários são peças fundamentais para que relações autoritárias se desenvolvam e se mantenham, pois se tornam facilmente manipuláveis.

As relações de disciplina e controle perpetuam-se na existência de pessoas submissas, não criativas e conformadas.

Este conceito de neurose explica por que a Soma apresenta-se como um trabalho de natureza política. Não a política institucional, mas a política do cotidiano como veremos mais adiante, presente em nossas relações diárias e mais próximas. Nosso objetivo é revelar esta política e descobrir as relações e práticas de poder explícitas ou disfarçadas, seus efeitos e suas consequências. A terapia se faz na medida em que a pessoa produz as mudanças para sair do círculo vicioso oprimido-opressor para uma relação política entre iguais na criação de seu prazer e liberdade.

Para chegar a isso, a Soma só poderia ser uma terapia de grupo. Como a neurose emerge na relação social, é aí que ela mais claramente se mostra. Na Soma, procuramos criar nos grupos de terapia a noção de um laboratório microssocial onde, através da dinâmica de grupo autogestionária, formam-se relações suficientemente variadas para mostrar as dificuldades de cada um na defesa de sua unicidade, autorregulação espontânea e originalidade única. Mais adiante, mostraremos na metodologia da Soma e no desenvolvimento de seu processo terapêutico como ocorre este trabalho.

Construir uma vida potente passa pelo redimensionamento de nossos modos de existência frente aos valores que são oferecidos nos tempos atuais, marcados pela intensificação de um individualismo vulgar, dominado pelo capitalismo hegemônico e globalizado. A ética capitalista e sua ideologia de mercado acabam por se tornar responsáveis em boa parte pela produção de subjetividade que vivemos, invadindo nossos corpos, condutas e inter-relações. Sua presença não está apenas no cifrão da conta corrente, mas se insere de forma capilar nas atitudes cotidianas que estabelecemos conosco e com o mundo. É fundamental que o processo terapêutico esteja atento a isso, ampliando nosso entendimento e ação diante desses processos que vão além da dimensão psicológica.

A POLÍTICA DO COTIDIANO

A Soma é uma terapia em grupo que funciona como um micro-laboratório social, possibilitando a percepção do que cada um é a partir de suas relações com os demais membros do grupo. O processo terapêutico se dá pelas descobertas individuais, auxiliado pela forma como somos percebidos pelos outros. Este "espelho social" que representa o trabalho em grupo da Soma nos auxilia a reconhecer como agimos e lidamos com os outros.

O campo social de estudo que representa o grupo, no qual seus membros interagem com os demais e onde a terapia se desenvolve, nos possibilita trabalharmos no que chamamos de uma *política do cotidiano*. Para nós, é importante percebermos como lidamos com as malhas de poder em nossa volta, quais as práticas políticas e éticas que desenvolvemos e como somos afetados por elas. E especialmente como reproduzimos — muitas vezes sem perceber — os jogos de poder nas relações humanas, repetindo um mesmo circuito muitas vezes indesejado, mas que não damos conta de mudar. Esta associação entre psicologia e política, presente no processo terapêutico da Soma, nos possibilita entender, primeiro, a articulação entre o comportamento humano e os jogos de poder, e segundo, como se dá a implicação de cada um neste processo. O grupo se torna, então, o campo privilegiado onde a terapia se processa, por meio de uma dinâmica de grupo autogestiva que proporciona sociabilidades mais horizontais, combatendo hierarquias e mecanismos de dominação.

Compreendemos o ato político como sendo uma contribuição cultural de nossa formação no desenvolvimento antropológico da espécie humana, complementando a ação espontânea, biológica, necessária à sua mais completa e satisfatória organização social. A atividade política serve basicamente para solucionar conflitos pessoais nos projetos de organização social. Mas, historicamente o autoritarismo humano vem impedindo o incremento da solidariedade e as decisões em consenso na sua ação política, impedindo o exercício de uma justiça social verdadeira. No estudo da política do cotidiano, o que nos interessa é analisar a implicação sobre a subjetividade das pessoas, decorrente das práticas de poder disseminadas na malha social, presentes no dia a dia. Estes conflitos de poder no campo microssocial são o germe inicial das práticas de poder na esfera mais ampla da sociedade e, portanto, um campo privilegiado de estudo.

É na política do cotidiano que questionamos o autoritarismo que permeia o conjunto das relações sociais. A família, as relações afetivas, a escola, os meios de comunicação de massa, os partidos políticos que acabam presos às articulações políticas do Estado, o centralismo democrático e a despolitização das relações sociais são identificados como alicerces do autoritarismo. Neste sentido, não nos interessam as rígidas análises que compõem divisão entre esquerda e direita: ambas acabam acreditando na ordem imposta pelo Estado. Mesmo as esquerdas acabam optando pela via autoritária para a libertação coletiva. Ao contrário, propomos a política revolucionária do cotidiano baseada na auto-organização e nas práticas de liberdade associadas ao prazer. Fazer política revolucionária é algo que se dá em todas as áreas da vida: no amor, no trabalho, nas organizações sociais etc.

A terapia acontece neste campo de estudo, onde cada membro é estimulado a perceber como age nesta esfera da micropolítica como reflexo das ações e práticas que exercemos no cotidiano. O grupo representa, assim, um espaço privilegiado para o desenvolvimento da terapia individual em cada um, tendo para tanto o espelho crítico do outro e a oportunidade para a transformação terapêutica, que quase sempre estão atreladas aos redimensionamentos das práticas de sociabilidades e políticas.

A RELAÇÃO AGRESSIVIDADE X VIOLÊNCIA

Por fim, para concluir a definição destes conceitos básicos da Soma, vou tentar exprimir, mesmo que sinteticamente, outra noção fundamental ao entendimento de como vemos o surgimento e a manutenção da neurose. Estou falando da utilização do conceito do instinto de irritabilidade animal, definido pela biologia, como sendo o caminho para explicar as manifestações da agressividade e da afetividade humana. A conduta animal, desde um ser unicelular como a ameba até um ser pluricelular com um mamífero de grande porte, passando pelo ser humano em seu meio ambiente e em suas relações com animais da mesma e de outras espécies, se realiza movida pelo instinto de irritabilidade. Graças a ele, o animal foge, luta ou destrói o que o ameaça em seu meio ambiente (através do lado agressivo de seu instinto). Ao mesmo tempo, ele se sente atraído (pelo lado afetivo do mesmo instinto) e procura, toca e se relaciona com o que lhe provoca prazer, basicamente para a sua alimentação, prazer ou reprodução.

O comportamento humano em seu meio social deriva assim do instinto biológico básico. Ele funciona em todos os seres vivos a partir deste duplo modo de ação, por meio das sensações de prazer que seus contatos no meio animal e cultural lhe proporcionam. A antropologia admite estas duas instâncias na formação do comportamento humano: o biológico, primitivo e que se transmite pela hereditariedade; o histórico, posterior e transmitido pela evolução da cultura. Assim, o instinto da irritabilidade animal funciona na espécie humana por meio da preservação e da busca do prazer; pela afetividade e pela agressividade; e faz com que o homem, em seu meio, aproxime-se e incorpore ou se afaste e enfrente aquilo que o agride ou de que necessita para sua sobrevivência física e social, para o afeto e a procriação.

O desenvolvimento da cultura humana nos permitiu conhecer a busca do prazer, com a qual coexiste e convive, em seu meio físico e social, como a afetividade que lhe garante a sobrevivência e a possibilidade de associação, de afeto e de procriação com membros da mesma espécie. Por outro lado, o instinto de irritabilidade também origina a agressividade, que defende o homem na vida animal e social, que o faz lutar para garantir sua sobrevivência. Assim como auxilia na realização de seus projetos de vida culturais, afetivos, criativos e produtivos. A agressividade, quando equilibrada e bem dosada, é a principal responsável pela ação que operamos decorrente da opção que realizamos cotidianamente.

A afetividade e a agressividade são impulsos necessários à vida animal e cultural dos homens. Se não forem exercidos naturalmente e de modo satisfatório em seu equilíbrio dinâmico, o ser humano terá dificuldades de exercer sua liberdade. Ele pode sobreviver fisicamente, mas culturalmente estará morto. Estas reflexões procuram explicar o comportamento animal e cultural do ser humano, e servem para caracterizar os efeitos da apatia gerada pela diminuição da liberdade na vida das pessoas, impedindo-as de exercerem suas necessidades de afetividade e agressividade nos planos biológico e animal, social e cultural.

A agressividade é instaurada no ser humano desde a vida intra-uterina e depois na amamentação. A criança faz com a boca, os braços e os olhos movimentos espontâneos de aproximação da mãe para sentir seu contato. Há também na criança um movimento mais específico que consiste em empurrar a cabeça para frente e abrir os lábios a fim de encontrar o seio e o mamilo. Este é um movimento rítmico, vibrante e agressivo para a fonte do estímulo. Os movimentos da boca, se frustrados, transformam-se em impulsos agressivos de morder e gritar, podendo inclusive se manifestar de modo violento.

No ser humano, a violência é um ato compulsivo, e resulta exercício da agressividade de forma não adequada e necessária, quando se acumulam necessidades frustradas. A violência, então, é fruto do mau uso da agressividade. Toda vez que abrimos mão de nossas necessidades ou nos submetemos à situação de autoritarismo de forma implícita ou explícita, estamos reprimindo nossa agressividade espontânea, que mais tarde se transforma em atitudes de compulsão violenta. Assim, a agressividade reprimida ou mal dosada pode tornar-se um ato violento.

Sabemos ser imprescindível para uma pessoa alcançar a saúde que ela descubra e viva sua originalidade única como ser singular, tendo que lutar para isso contra as variadas relações hierárquicas e autoritárias que muitas vezes se estabelecem nas famílias, escolas e sociedade como um todo. Não a alcançando, por diversas razões, comumente torna-se fraco, infeliz, improdutivo, não amoroso, não criativo como a média das pessoas. Enfim, uma pessoa com conflitos neuróticos, com sérios sintomas de impotência e incompetência na realização de sua vida. É importante buscar, portanto, o exercício da originalidade única e defendê-la através da vivência permanente de seu prazer (exercício da afetividade) e lutar contra os mecanismos que tentam lhe opor a isso (exercício da agressividade). Assim, o processo de construção da liberdade e da autonomia se dá através da luta e do enfrentamento cotidiano.

Para colocar essa ideologia do prazer na política do cotidiano, em oposição à ideologia do sacrifício estimulada pelas religiões e Estados autoritários, utilizamos uma palavra que simboliza bem isso. Costumamos utilizar a palavra *tesão* como uma espécie de seta indicadora desses caminhos, nos auxiliando ao exercício de nossas paixões libertárias. Viver o nosso tesão, essa mistura de alegria, beleza e prazer no cotidiano, nos auxilia no exercício prático dos fatores e das coisas que fazem parte de nossa espontaneidade e originalidade única.

Nosso objetivo fundamental no processo pedagógico-terapêutico que realizamos na Soma é trabalhar sobre o tema da liberdade e da autonomia para que cada um possa viver sua originalidade única e lutar contra os mecanismos e forças que agem contra nossa potência. A construção das práticas de liberdade é essencial para poder garantir a autoregulação em nossa existência, e para que a pessoa tenha possibilidade de viver o seu prazer. Assim, agressividade e afetividade são como os dois lados da mesma moeda, indissociáveis e em permanente busca de equilíbrio. Deles, resulta uma dinâmica que buscamos encontrar no exercício de uma vida libertária no aqui-e-agora.

Estas reflexões a respeito dos temas até aqui apresentado buscam ampliar a conceituação de temas importantes ao nosso trabalho e servir de base ao entendimento teórico e metodológico da Soma. Vamos agora apresentar as principais linhas teóricas que dão sustentação ao pensamento e ação da Soma e depois abordaremos a prática do processo terapêutico.

As bases teóricas da Soma

> O amor, o trabalho e o conhecimento são as fontes de
> nossa vida. Deveriam também governá-la
>
> WILHELM REICH

A Soma é um trabalho terapêutico-pedagógico que busca o redimensionamento do comportamento individual junto com a construção de sociabilidades mais livres e menos hierarquizadas. Ela surgiu da união singular de teorias e práticas contemporâneas em alguns campos do saber, notadamente na psicologia, na sociologia, na política e na filosofia. Sua epistemologia e metodologia interdisciplinar lhe conferem um caráter original e em constante movimento. Neste sentido, podemos afirmar que a Soma é uma obra aberta, e pensada como algo inacabado, em processo de permanente construção.

Esta característica lhe permite receber e contribuir com as descobertas e pesquisas mais recentes no campo das ciências humanas. Foi assim desde sua emergência e permanece até hoje através de quem a produz. A Soma não é, portanto, uma obra acabada. Nem pretende ser. Ao contrário, buscamos atualizar sua prática para atender às mudanças constantes que passamos enquanto indivíduos e coletividades.

A Soma se constituiu inicialmente a partir das pesquisas e experiências em teatro, sobre o desbloqueio da criatividade para atores, realizadas no Centro de Estudos Macunaíma em São Paulo, Brasil, no início da década de 1970. Através de exercícios teatrais, jogos lúdicos e debates éticos-políticos, Roberto Freire e uma equipe de colaboradores criaram uma série de vivências que possibilitavam uma rica descoberta sobre o comportamento, e suas diferentes e singulares características.

Perceber como cada um reage a diferentes situações comuns no cotidiano das relações humanas, tais como a agressividade, a comunicação, ou a criatividade, e a articulação com os sentimentos e emoções, permite um entendimento daquilo que caracteriza as pessoas enquanto singularidade. Neste processo, o que nos interessa ainda é criar novas sociabilidades, onde a massificação ceda espaço à diferença.

A Soma atua assim, claramente na construção de espaços de liberdade, na busca da autonomia e na produção autogestiva vividas no presente. As influências teóricas e o momento político vivido no Brasil devido à ditadura civil-militar durante o surgimento da Soma encontraram uma convergência comum na elaboração de uma terapia com objetivos explicitamente libertários.

Neste período, os jovens que lutavam contra a ditadura não dispunham de um método terapêutico em que pudessem confiar, politicamente, no atendimento dos desequilíbrios emocionais e psicológicos provocados em suas vidas pela rejeição e repressão autoritárias das famílias burguesas, ligadas à truculência dos militares e políticos fascistas. O medo da denúncia era tão presente que pais entregavam seus filhos, amigos e namorados faziam o mesmo com seus companheiros. Foi neste cenário que surgiu a Soma, fruto das experiências do Roberto Freire em teatro, na ação política contra a ditadura e no encontro com as obras de Wilhelm Reich, da Gestalt-terapia e da Antipsiquiatria, tudo isso combinado com a crítica libertária presente nos anarquismos.

Mesmo diante de uma sociedade dita democrática, após a "abertura política" com o fim da ditadura civil-militar no Brasil, vivemos num mundo cada vez mais marcado pelos sutis mecanismos de controle. Se no passado a presença do autoritarismo era explícita, hoje o poder navega por camadas menos óbvias de captura das individualidades, tornando-se mais complexo e perverso. As correntes teóricas que veremos a seguir estão diretamente ligadas a estas análises sociais e políticas na atualidade e adotadas pela Soma com o propósito de criar resistências contra as práticas de poder que tentam aniquilar o que há de singular em cada um.

A PSICOLOGIA POLÍTICA E CORPORAL DE WILHELM REICH

Consideramos a obra do austríaco e ex-psicanalista Wilhelm Reich (1897–1957) a principal referência teórica em nosso trabalho. Como uma espécie de espinha dorsal, a obra de Reich vai se articulando com as demais vertentes e pensamentos teóricos que adotamos, compondo um conjunto coerente e uno para a Soma. Foi através da obra de Reich que a Soma comprovou as origens sociais e políticas da neurose. Nascido no final do século XIX, Reich foi responsável por uma das maiores transformações da psicologia contemporânea, capaz de levar a compreensão da neurose para além da psicologia, articulando-a com a sociologia e a política.

Wilhelm Reich foi um médico que logo cedo ingressou na recém criada Sociedade Psicanalítica Internacional, quando Sigmund Freud ainda desenvolvia os primeiros conceitos da Psicanálise e pretendia difundi-la e divulgá-la para o mundo. Mais tarde, se tornou também um de seus maiores críticos e dissidentes. De origem camponesa, Reich desde cedo interessou-se pelo estudo social do homem, sendo um ativo militante nas várias atividades em que participou.

Vivia-se na Europa no início do século XX um forte clima de transformações, sobretudo pela crescente importância das ideias socialistas que eclodiam em revoluções, como a de 1917 na Rússia, e que fatalmente influenciaram os vários segmentos científicos e culturais da época. A diferença na compreensão dos acontecimentos sociais e políticos vividos neste período, e a crença em suas implicações sobre os indivíduos e a sociedade, acabaram por gerar a separação de Reich do trabalho com Freud e sua Psicanálise.

As divergências de Reich que o levaram a ser expulso da Sociedade de Psicanálise foram quanto às supostas causas e aos procedimentos para se tratar a neurose. Reich passou a acreditar fortemente que um dos principais fatores desencadeadores dos conflitos emocionais decorre de mecanismos sociais e políticos. Para ele, a neurose forma-se na relação entre o indivíduo e suas sociabilidades, por meio de práticas de poder presentes no meio social autoritário e hierarquizado, que direciona a conduta das pessoas, desde cedo, através de padrões de comportamento que são disseminados como verdades ainda na infância e na adolescência.

Este processo que surge em diferentes pontos da malha social ocorre por um conjunto de regras e normas, na maioria das vezes de forma sutil e dissimulada, mas que vai gerando um perfeito ajustamento e diminuição de poder crítico nas pessoas. Reich afirmava categoricamente que, enquanto existir qualquer espécie de normatização moral, social ou política limitando a autonomia das pessoas, não se poderá falar em liberdade real nem muito menos em saúde emocional.

Além de ser produto da heterorregulação social, a neurose se instala em todo o corpo e não apenas na mente como acreditava a Psicanálise. Com isso, Reich inaugura na psicologia uma nova e importante vertente clínica, na qual o corpo passa a ser utilizado como diagnóstico (através da leitura corporal) e local da ação terapêutica (através dos exercícios corporais). Seu trabalho tornou-se uma das bases do que mais tarde passou a ser denominado de psicossomática, cujo objetivo é estabelecer as relações entre os desequilíbrios emocionais e as doenças físicas. Podemos apontar a psicossomática como campo de saber — de caráter transdisciplinar — que integra diversas práticas para estudar os efeitos de fatores sociais e psicológicos sobre processos orgânicos do corpo e vice-versa. Defende ainda que não existe separação entre mente e corpo, que transitam nos contextos sociais, familiares, profissionais e relacionais.

Voltemos ao Reich. Ele afirmou ser um desequilíbrio energético uma importante característica da neurose. Mas não apenas uma energia psíquica, ou um processo exclusivo da mente, e sim a energia única que circula por todo o corpo. Esta energia passou a ser designada de modos diferentes, mas com o mesmo significado: bioenergia, energia orgânica ou energia vital.

A distribuição defeituosa e imprópria da bioenergia, principalmente na musculatura voluntária, leva à formação do que ele veio a chamar de *Couraça Caracteriológica* ou *Couraça muscular do caráter*. Ele redescobria, assim, no fim da década de 1920 no Ocidente, o conceito orientalista sobre energia vital (presente na acupuntura, por exemplo), cujos escritos ele desconhecia, apesar de existentes há mais de cinco mil anos. São sete as regiões no corpo em que se formam os segmentos ou anéis da couraça: a região do olhos, da boca, da cervical, dos ombros, do diafragma, do abdome e da pélvis. Cada pessoa vai desenvolver tensionamentos em uma ou mais dessas regiões, de acordo com sua história de vida, os processos de subjetivação e as respostas e postura encontradas como forma de responder aos mecanismos sociais e políticos envolvidos.

Reich observou que emoções e pensamentos têm sempre equivalentes físicos e vice-versa. Uma emoção traz consigo mudanças na circulação da bioenergia relacionadas a contrações musculares localizadas e modificações na respiração e na postura física. Isto acontece, por exemplo, numa situação de medo: o corpo sofre diferentes alterações fisiológicas (aumento do batimento cardíaco, dilatação das pupilas, contrações musculares etc.) necessárias para uma melhor resposta à ameaça. Todas estas mudanças na fisiologia corporal tendem a passar e o corpo voltar ao estado de equilíbrio assim que a ameaça se desfazer. Este é um mecanismo espontâneo de adaptação do ser humano a diferentes estímulos.

Mas, se um indivíduo for submetido desde a infância a contínuas situações de medo ou insegurança, por exemplo, as transformações fisiológicas naturais, em vez de circunstanciais, tendem a se cristalizar e se tornar crônica de forma inconsciente. Aquilo que deveria acontecer em situações específicas torna-se contínuo na vida da pessoa, criando-se, então, uma estrutura muscular e postural característica que determina o seu jeito de estar no mundo: o seu *caráter*. O que Wilhelm Reich chama de caráter diz respeito à estrutura caracteriológica de funcionamento emocional de uma pessoa, ou seja, às características e padrões que desenvolvemos ao longo da vida. Segundo ele, existe uma íntima relação entre posturas e gestos corporais com aspectos do comportamento emocional de cada pessoa.

A formação da couraça neuromuscular do caráter ocorre, sobretudo, durante nosso desenvolvimento infantil, devido a bloqueios permanentes da sexualidade e ameaças constantes à nossa vida emocional. Ela pode se manifestar tanto em contrações como em flacidez musculares crônicas. São, por exemplo, regiões corporais constante e intensamente rígidas, como ombros permanentemente arqueados e tensos ou testas franzidas. Pode se apresentar ainda por uma respiração mais "curta" ou movimentos corporais rígidos e pouco espontâneos.

Isso leva a um consumo excessivo de nossa energia vital, além de impedir o seu circuito livre para outras áreas. Essa couraça serve, na infância, de escudo protetor a ameaças emocionais recebidas. Na idade adulta, limitando a relação com o mundo, a couraça impossibilita a expressão direta da espontaneidade, da emotividade e da afetividade. Com isso, ela passa a ser geradora dos sintomas neuróticos como fobias, angústia, depressão, ansiedade, incompetências e impotências criativas, sexuais e afetivas.

Estão relacionadas às doenças psicossomáticas, tais como distúrbios sexuais, inflamações no estômago, garganta, psoríases etc. Podem ainda aparecer de formas mais brandas, tais como garganta seca, "nó" na barriga, tremores, dores de cabaça, e uma série de outras somatizações. Para Reich, a couraça neuromuscular do caráter é a expressão física da neurose. É a materialização corporal dos traços de comportamento e atitudes emocionais do indivíduo, tornando-se uma espécie de corporificação do inconsciente.

Em observações clínicas, Reich conseguiu descobrir um dispositivo espontâneo, disponível ao ser humano, capaz de dissolver essa armadura defensiva e restituir, assim, o livre fluxo de energia vital. Esse estudo deu origem ao livro, revolucionário em sua época, chamado *A função do orgasmo* (1927). Segundo ele, o orgasmo sexual pleno e satisfatório, além de proporcionar grande prazer e bem-estar, tem uma segunda função capaz de agir sobre a couraça, dissolvendo-a por alguns instantes através de uma forte descarga, que afrouxa a musculatura tensa e restitui a harmonia energética.

Além de proporcionar um dos maiores prazeres humanos, o orgasmo tem a função de ser um agente regulador da nossa saúde. Mas, muitas vezes, a couraça neuromuscular é tão rígida que bloqueia a realização de orgasmos plenos, impedindo a descarga energética natural. Assim, fecha-se um ciclo vicioso: não se tem orgasmo, a couraça não é descronificada, aumentam os sintomas neuróticos e isto dificulta a obtenção de orgasmos. E mais: a pessoa encouraçada nem mesmo consegue parceiros satisfatórios ou tem sua vida afetiva bloqueada, impedindo uma entrega mais profunda ao outro, o que dificulta ainda mais a sua vida sexual.

O orgasmo pleno e satisfatório, capaz de agir desbloqueando a couraça, é muito diferente que apenas a ejaculação no homem ou o prazer vaginal da mulher. Ele se caracteriza por uma dissolução circunstancial do ego, o que provoca movimentos e sons involuntários, assim como uma variação momentânea da relação espaço-tempo. Isto leva as pessoas a desfrutarem de um profundo relaxamento e uma sensação de plenitude após o orgasmo. Tal sensação é fruto do prazer em si, associado ao poderoso movimento de energia vital que circula pelo corpo.

Reich comprovou que, para se tratar a neurose, era necessária uma terapia que eliminasse a tensão crônica da couraça, restituindo a liberdade do indivíduo de se relacionar diretamente com o mundo, sem medos e sem escudos de defesa. Pesquisou, então, técnicas que quebrassem este ciclo, permitindo que a circulação bioenergética fosse restituída. Chegou então à descoberta dos *equivalentes orgásticos*, ou seja, outros meios de se chegar aos benefícios bioenergéticos proporcionados pelo orgasmo sexual sem, contudo, estarem circunscritos ao sexo. Existem equivalentes ditos naturais (dançar, gargalhar, chorar, bocejar, espreguiçar etc.) e outros artificiais (massagens, exercícios), todos com propriedades capazes de mobilizar a couraça.

Na Soma, trabalhamos com exercícios corporais próprios, outros oriundos de jogos teatrais, danças e brincadeiras, além da capoeira angola como veremos mais adiante. São trabalhos corporais variados que atuam sobre a couraça neuromuscular, buscando dissolver suas tensões crônicas, liberando a energia vital que estava sendo desperdiçada e tornando-a disponível para o ato de viver. Os exercícios bioenergéticos, além de produzirem uma boa circulação energética, também possibilitam a percepção corporal, contato de si próprio, e também a identificação dos bloqueios. O resultado obtido através de um eficiente trabalho corporal tanto é percebido no momento seguinte a ser concluído, como na reserva energética que vai acumulando-se no corpo das pessoas.

No entanto, sabemos que para eliminar os efeitos da neurose não basta acabar com os sintomas resultantes da couraça, e sim, combater suas causas sociais e políticas. Sintomas como angústia e depressão, por exemplo, são *sinais de alarme,* indicando que algo de errado está acontecendo na vida da pessoa. Apagar esta "luz vermelha" seria como eliminar uma febre sem combater a infecção; os sintomas apenas sinalizam algo. É importante pesquisar e compreender os motivos que levam a vida emocional a despertar tais sinais. Esta busca nos leva à descoberta de relações de poder que reprimem, disciplinam e bloqueiam a vida. Não podendo ser ela mesma, nem manifestar seus ideais e desejos, a pessoa entra, defensivamente, em estado neurótico. A couraça neuromuscular do caráter é a manifestação física e a consequência direta desse jogo pedagógico autoritário.

Ao articular o estudo do comportamento humano aos mecanismos sociais e políticos presentes na socialização, temos desenvolvido uma importante pesquisa que vem contribuindo para o desenvolvimento e aperfeiçoamento dos estudos sobre as causas da neurose. A principal originalidade desta pesquisa é o estudo do comportamento ideológico das pessoas que antecede e determina o surgimento da couraça neuromuscular. Chamamos de *couraça somática* ao conflito político e ideológico primários, fonte dos distúrbios emocionais e psicológicos que produzem a couraça caracteriológica. Voltar-se ao estudo de como cada pessoa define e conduz seu modo-de-vida é tão importante para nós quanto perceber como ela demonstra seus bloqueios e sintomas.

A compreensão da couraça somática é prioritária à couraça muscular, pois ela é a verdadeira causa da neurose. Para tanto, damos ênfase ao estudo da política do cotidiano, buscando perceber as bases e os mecanismos dos conflitos de poder que nela ocorrem. Sabemos, inclusive, que a couraça neuromuscular em si não é prejudicial. Ao contrário, ela é um mecanismo espontâneo de defesa à disposição do ser humano. O que torna a couraça nociva e patológica é o fato de tornar-se crônica, mantendo um estado permanente de defesa e o consequente gasto de energia. Mas isso é determinado pela couraça somática, fruto de um comportamento social autoritário externo ou assumido internamente, que gera medo, acorvadamento e passividade diante dos enfretamentos da vida.

Na Soma, o combate à couraça somática e neuromuscular é feito, respectivamente, através do trabalho de entendimento e problematizações em torno dos mecanismos de poder que atuaram e continuam atuando na vida das pessoas; como também pelo restabelecimento do fluxo livre da bioenergia, favorecendo um vitalismo e uma grande saúde. Isto se dá através de trabalhos corporais liberadores, que funcionam como exercícios bioenergéticos, dissolvendo a rigidez muscular da couraça. Ao mesmo tempo, o trabalho de entendimento ético e político é feito durante a dinâmica de grupo autogestiva no decorrer da terapia.

O AQUI-E-AGORA DA GESTALT-TERAPIA

Outra importante escola da psicologia contemporânea para a Soma é a Gestalt-terapia, responsável pelo desenvolvimento prático do processo terapêutico. Nosso trabalho é voltado para o estudo do cotidiano, para o aqui-e-agora, valorizando com isso a percepção dos conflitos que estão presentes na atualidade. Não que o passado seja descartado, mas a ênfase é dada aos mecanismos e aspectos atuais da vida da pessoa. Desta forma, as contribuições da Gestalt são fundamentais no processo terapêutico do grupo, pois ela inaugurou uma nova maneira de se trabalhar o conflito emocional a partir das observações cotidianas.

A palavra *gestalt* não tem tradução direta para o português. É uma palavra alemã que, aproximadamente, significa "a forma como as situações apresentam-se e organizam-se diante e dentro de nós". A Gestalt-terapia surge na segunda metade do século XX, através das pesquisas de seu criador, o alemão Friedrich Perls (1893-1970), com a cooperação de Laura Perls e Paul Goodman. Colaborador de Freud e posteriormente cliente e amigo de Reich por algum tempo, Perls tornou-se psicanalista e exerceu a psicanálise durante muitos anos. De origem judaica, precisou fugir da Alemanha nazista e se instalar na África do Sul, onde montou a base da Sociedade Psicanalítica daquele país.

Mas foi depois de mudar para os Estados Unidos e romper com a psicanálise que ocorreram as pesquisas decisivas que o levaram à criação da terapia gestáltica. Ela está relacionada com a psicologia da gestalt do final do século XIX, mas não é a mesma coisa, uma vez que combina abordagens fenomenológicas, existencialistas, dialógicas e de campo ao processo de transformação e crescimento dos seres humanos.

Fritz Perls era casado com Laura Perls, uma psicóloga que desenvolvia estudos na área de gestalt, um ramo da psicologia da percepção. Foi a partir daí que ele adaptou as teorias da psicologia gestáltica ao campo terapêutico. Para ilustrar como seria uma gestalt do ponto de vista da percepção psicológica, basta compreender este exemplo: uma pessoa está posicionada numa praia de frente para o mar. A gestalt desse momento é a sua relação dinâmica com a paisagem. Logo em seguida, passa uma gaivota que se torna o alvo da observação dessa pessoa. Formou-se, portanto, nova gestalt: a gaivota torna-se *figura* desta gestalt, ou seja, o foco da atenção, seu elemento principal em sentido e importância. O mar e o céu, assim como ruídos e outros elementos restam como *fundo*, representando tudo o que está presente, mas "por trás", ou tendo importância secundária.

Toda gestalt sempre apresenta uma *figura* e um *fundo*, correspondendo, respectivamente, ao que é prioritário e secundário numa dada situação. No exemplo mencionado, utilizamos a expressão "abrir gestalt" ao momento em que a gaivota tornou-se alvo da contemplação, seja por prazer estético, curiosidade, ou qualquer outro motivo. Definimos como "fechar gestalt" o momento em que a figura desaparece ou nos desinteressamos dela. Tudo o que é vivo está permanentemente "abrindo" e "fechando" gestalts, num processo dinâmico e contínuo.

Fazendo uma comparação entre o estudo das gestalts e observações clínicas de seus pacientes em terapia, Perls notou existir uma relação muito próxima entre elas. Ele observou que, nas várias situações de vida presentes no cotidiano de uma pessoa, surgem necessidades que seu organismo determina como sendo mais ou menos emergentes. Este mecanismo já descrito aqui, chamado de autorregulação espontânea, atua no sentido de promover uma espécie de agenciamento organísmico, termo cunhado por Perls para determinar uma função própria do nosso organismo. Assim, a cada momento nosso organismo indica sua figura e seu fundo, representando a necessidade física ou emocional que surge.

Por organismo, entendemos aqui que seja algo mais amplo que o nosso corpo: nossa trajetória de vida, nossas demandas e desejos, situadas em determinado tempo histórico e cultural. Esta teoria organísmica é contrária às teses associacionistas, que buscavam causa-efeito. Ela constitui-se basicamente pela busca entre as inter-relações existenciais entre os fenômenos, além de analisar as funções psicológicas, mas tendo sempre o *organismo* como um todo.

Assim, nosso ato de viver é um eterno processo de situações que somos levados a lidar; que promovem a abertura e o necessário encaminhamento de gestalts, pois, a cada momento, sempre existirá algo mais ou menos prioritário em nossa vida. Se tivermos, por exemplo, vontade de comer, a fome torna-se a figura de nossa gestalt, nosso foco de atenção: está aberta a gestalt. Precisamos saciar a fome, fechando a gestalt para, imediatamente, surgir outra. Uma pessoa descobre que está atrasada numa conta para pagar. Essa conta torna-se figura da sua gestalt naquele momento; ela a paga e a gestalt se fecha.

Outro exemplo seria alguém que trabalha num emprego que não lhe dá prazer; essa gestalt só será fechada quando encontrar outra alternativa de sobrevivência econômica mais prazerosa. Ou ainda, se ela ama alguém, necessita de alguma forma aproximar-se dessa pessoa e expor isso. Neste caso, fechar a gestalt não significa necessariamente efetivar esta relação, até porque depende da outra pessoa, mas como se manter atrelado ou não àquele acontecimento. Ou o contrário, se uma pessoa vive um relacionamento sem mais amor ou com muitos conflitos. Ou seja, todas as situações de vida — desde fisiológicas e corriqueiras do dia a dia, até as mais complexas da existência — estão em processo de abertura e fechamento gestalts durante a vida. A partir dessas situações, pode-se imaginar exemplos de gestalts que precisam ser abertas ou fechadas em todas as áreas e que envolvem os campos da saúde física, emocional, financeira, profissional, familiar etc.

Outra descoberta fundamental de Perls foi perceber a necessidade vital de se fechar as situações inacabadas para o equilíbrio e economia energéticos. Há um consumo excessivo de energia vital quando não são atendidas as necessidades da autorregulação que determinam o surgimento das gestalts. Essa deficiência energética, como já havia dito Wilhem Reich, é a principal responsável pelo aparecimento dos sintomas neuróticos, bem como pela sensação de impotência e incompetência diante da vida.

Para Friedrich Perls, a neurose se caracteriza pela perda da capacidade de uma pessoa em conseguir fechar suas gestalts, deixando situações de vida em aberto e sem solução. Tais situações podem permanecer inacabadas por um longo tempo, pela dificuldade da pessoa em encontrar saídas adequadas a elas. Esta condição, chamada de *impasse* pela Gestalt, é extremamente angustiante, pois paralisa a ação e impede a tomada de decisão. Com isso, comumente a pessoa afasta-se do presente, vivendo em função do passado inacabado ou do futuro programado e repleto de expectativas. Sua reserva energética á baixa, pois desperdiça muita energia para manter suas gestalts abertas. Isso lhe dificulta abrir ou fechar novas gestalts que vão surgindo, determinando acúmulo e desorganização em sua vida no plano físico e/ou emocional-psicológico.

Este ciclo vicioso produz as condições para que qualquer um sinta-se incapaz e impotente para a condução de sua vida e realização de seu prazer. A existência adquire um peso e uma insatisfação terrível, já que áreas fundamentais como o amor, a profissão, a sexualidade, por exemplo, podem não estar sendo encaminhadas da maneira como se deseja, produzindo o acúmulo de necessidades e anseios que não são atendidos. Segundo a Gestalt, a condição neurótica emerge quando alguém não consegue ser responsável pelo seu ato de viver, por não conseguir dar respostas às suas necessidades cotidianas, mesmo que seja aceitar que não há uma resposta possível para determinada situação. A noção de responsabilidade adotada pela Gestalt não tem necessariamente um valor moral, mas refere-se ao fato de como cada pessoa participa ativamente da construção de seu projeto existencial em sua busca pela liberdade.

BASES TEÓRICAS

No decorrer do processo terapêutico da Soma, os clientes adquirem compreensão e energia para fechar e abrir suas gestalts. Isso por que, objetivamente, o que torna uma vida insatisfatória é o fato de existirem muitas situações de vida sem solução ou soluções insatisfatórias, o que acaba por produzir mais conflitos e gasto de energia. A contribuição da Gestalt nos auxilia a encaminhar de forma prática a terapia, pois atua sobre as situações concretas que incomodam a vida das pessoas.

Para isso, trabalhamos sempre na avaliação e estudo do presente. Não buscamos, como a maioria das técnicas terapêuticas tradicionais, um retorno ao passado como forma de produzir a terapia. Devemos compreender a história de vida do indivíduo, acompanhar seu desenvolvimento até a fase adulta, mas sem se deter neste período ou fazer dele o foco de nosso trabalho. Ao contrário, o processo terapêutico se dá no aqui-e-agora. É nele que encontramos as gestalts abertas e seu consequente esvaziamento da energia vital, bem como as estratégias e possibilidades para fechá-las. Esta posição fenomenológica justifica o aqui-e-agora da Gestalt-terapia, onde o presente é ao mesmo tempo o passado, o presente e o futuro. É neste momento que ocorrem as experiências, o reconhecimento de si e os projetos de cada um. O passado está presente na minha fala, na minha respiração, nos meus movimentos e na minha expressão. Ele é reestruturado em cada momento existencial, não numa esfera estática da existência.

Desta forma, não fazemos uma terapia clínica tradicional, nem muito menos confessional. A terapia se dá através da discussão do que se vivencia em cada sessão. E, sobretudo, buscando a percepção (*como* cada situação acontece) no lugar da interpretação (*por que* cada situação acontece). Isto mostra o caráter objetivo e prático da Soma. Ao final do processo terapêutico é que reunimos todos os *comos* para se chegar aos *porquês*.

ANTIPSIQUIATRIA E A GRAMÁTICA DA LOUCURA

A compreensão dos fatores políticos e sociais que bloqueiam a originalidade e a autoregulação levou a Soma a se aproximar de pesquisas sobre os mecanismos de poder responsáveis pela neurotização e até mesmo pelo enlouquecimento das pessoas. As contribuições de Wilhelm Reich como já foram aqui mostradas, estabelecem esta importante relação para a Soma e seu processo terapêutico. Restava compreender como se dava esse processo nas relações afetivas mais próximas e os mecanismos utilizados.

Sujeitados aos diferentes campos das práticas de poder, algumas pessoas tornam-se impotentes na condução de sua própria existência, tornando-se neuróticas. Dependendo do grau e intensidade dos conflitos, perdem o sentido da vida e da potência de existir. Quando mais afetadas, chegam a enlouquecer e outras se matam. As que sobram mantêm o sistema do poder funcionando, corrompidas por ele, mas fazendo o seu jogo.

Os estudos que alteraram o significado e a importância da comunicação sobre o comportamento humano levaram à criação de um novo e revolucionário campo de saber chamado *Antipsiquiatria*. Este termo foi cunhado pela primeira vez em 1967 por David Cooper num contexto muito preciso, e serviu para designar um movimento político radical de contestação da prática psiquiátrica, desenvolvido especialmente num período entre 1955 e 1975 na maioria dos países em que se haviam implantado a psiquiatria e a psicanálise.

Este estudo sobre a pragmática da comunicação humana foi primeiramente desenvolvido pelo movimento antipsiquiátrico ainda na década de 1950, inicialmente nos Estados Unidos. Logo tornou-se um dado científico original na compreensão das relações de poder contidas nas interações em diversos níveis da convivência humana. A importância dada a partir de então aos vínculos afetivos e, sobretudo, ao tipo de comunicação utilizada nestas esferas da sociabilidade, foi fundamental na compreensão das sutis camadas do exercício do poder. Apesar de terem sido fundamentadas há mais de cinquenta anos, estas pesquisas foram praticamente abandonadas pela Psicologia e pela Sociologia atualmente.

Foi precisamente em 1956 que surgiu o trabalho decisivo neste campo, realizado na Universidade de Palo Alto, na Califórnia, pelo antropólogo e comunicólogo Gregory Bateson (1904–1980) e sua equipe, publicado com o título de *Sobre uma teoria da esquizofrenia*. Rapidamente espalhou-se pela Grã-Bretanha com Ronald Laing e David Cooper; na Itália com Franco Basaglia; e ainda nos Estados Unidos com as comunidades terapêuticas, os trabalhos de Thomas Szasz e os assistentes de Bateson.

Há muito tempo a psiquiatria tenta apresentar uma suposta origem para a loucura, caracterizada por uma doença da mente e influenciada por fatores hereditários, bioquímicos ou endócrinos, mas sem conseguir precisar exatamente quais. A tentativa da psiquiatria em precisar um *locus* para as chamadas doenças mentais, seguindo o modelo anátomo-patológico da medicina tradicional, tornou praticamente impossível qualquer resultado satisfatório. Além disso, durante muito tempo, acreditou-se em tratamentos terapêuticos lamentáveis e inúteis como eletrochoques, choques insulínicos e internamentos longos e violentos.

A Antipsiquiatria trouxe um olhar mais social e político para o surgimento das doenças mentais; criticou as práticas adotadas nos tratamento e na própria construção histórica da noção de loucura. Chegou ao Brasil tardiamente e esteve presente nas lutas do movimento antimanicomial e da reforma psiquiátrica, responsáveis por importantes avanços nos tratamentos adotados por aqui. Suas ações trazem propostas coerentes e possíveis, mas que muitas vezes foram boicotadas pela psiquiatria tradicional e sua vulgar relação com as indústrias farmacêuticas. Os antipsiquiatras denunciaram que a existência do que se convencionou chamar de "loucura" foi por muito tempo utilizado pelos sistemas autoritários como forma de perseguir e marginalizar pessoas, excluindo-as do convívio social. No passado e no presente, o Estado e a sociedade fizeram uso de hospitais psiquiátricos pavorosos, que funcionaram como verdadeiros cárceres, sem nenhuma função terapêutica.

Foi no estudo da esquizofrenia, a mais conhecida forma de desorganização mental e vulgarmente chamada de loucura, que a Antipsiquiatria centrou seus estudos. E foi a partir dela que surgiram as mais importantes descobertas, ligadas, principalmente, ao estudo da comunicação humana nos campos das relações afetivas. A Soma não trabalha com pessoas em estado avançado de desequilíbrio emocional, como psicóticos, por exemplo. Mas apenas com aquelas que ainda não perderam o contato com a realidade, as que vivem conflitos e dificuldades características da neurose. Por essa razão, utilizamos apenas alguns elementos da Antipsiquiatria, sobretudo aqueles de função profilática para a neurose.

Uma das principais descobertas da Antipsiquiatria foi perceber que os desequilíbrios emocionais decorrem de distúrbios na comunicação humana. Existe um defeito na forma de se comunicar e de se relacionar, normalmente utilizado na socialização, que leva inicialmente à confusão e, consequentemente, à desorganização do pensamento e à dificuldade de entendimento da realidade. Isso muitas vezes acontece desde a infância, quando a criança recebe um tipo de comunicação paradoxal, chamada *duplo-vínculo*.

Como a própria expressão indica, nesse caso, são enviadas duas mensagens simultâneas, e uma sempre contrária à outra. É uma forma de afirmar e negar algo ao mesmo tempo. Um sim e um não juntos, transmitidos pelo mesmo canal de comunicação (como a fala) ou por canais de comunicação diferentes (como a fala e a expressão gestual, por exemplo). Esse tipo de comunicação paradoxal causa, inicialmente, um estado de confusão e perturbação no entendimento do que está sendo comunicado. Geralmente, vem seguido de sentimento de culpa: se aquele mal-estar tem ou não relação com uma determinada atitude que uma das partes tomou. A partir da culpa, vem a dependência, quando a pessoa tenta de diferentes maneiras atender à expectativa da outra. Seu uso contínuo pode levar à completa perturbação na relação com o outro e com o mundo.

O duplo-vínculo ocorreria, por exemplo, quando uma pessoa nos dissesse sim e não ao mesmo tempo, se demonstrasse estar alegre e triste de uma só vez ou evidenciasse nos odiar e afirmasse verbalmente seu amor por nós. Como afirmamos, a dupla vinculação pode ser feita através de dois canais de comunicação, afirmando pela fala e negando pela expressão facial (alguém afirmar que concorda sobre algo com a fala e demonstrar indiferença com uma expressão facial, por exemplo). Também pode ocorrer em apenas um canal de comunicação, no paradoxo entre um conteúdo verbal de uma fala e sua inflexão (alguém falar gritando que não está gritando, por exemplo). Seja como for, seu uso contínuo e sistemático produz uma interferência nos vínculos estabelecidos, onde comunicador e comunicado se veem imersos num confuso e perigoso campo de entendimento e não entendimento. A partir daí tudo pode ser verdade e/ou mentira, pois nada está claro e sua própria dissimulação é condição constituinte do jogo relacional.

O duplo-vínculo estabelece uma situação paradoxal, que ocorre quando uma pessoa se vê diante de mensagens de aceitação e rejeição. Tais mensagens são simultâneas e contraditórias, de modo que quem as recebe fica confuso pelo paradoxo. Esse quadro é muito comum em ambientes familiares e com intensos vínculos amorosos. Foi justamente neste ambiente que a Antipsiquiatria fez sua mais extraordinária e dramática descoberta ao constatar que o duplo-vínculo tem tanto mais poder de incidir sobre a vida emocional, quanto maior e mais forte for a relação afetiva entre os membros envolvidos. Ele surge principalmente nas relações familiares e amorosas, tornando-se um poderoso mecanismo de disciplina e controle. Nestes casos, o amor se transforma em um poderoso instrumento de dominação e neurotização dos indivíduos na vida em sociedade.

Vejamos um exemplo: uma garota de vinte e pouco anos deseja sair de casa, morar com amigas, separada dos pais. Ela quer apenas vivenciar sua escolha e sua liberdade sem que isso implique no corte do relacionamento com a família. Num diálogo com a mãe, ela comunica sua decisão, quando então, recebe um duplo-vínculo, que a deixa confusa e culpada por sua opção. A mãe diz estar feliz por sua filha resolver separar-se dela e seguir sua vida, mas ao mesmo tempo, não consegue conter as lágrimas ao afirmar isso. Na verdade, está dizendo em palavras ser natural e saudável a independência da filha, mas afirma também pelas lágrimas que isto a fará sofrer muito. Mesmo questionada sobre o choro e a aparente mágoa e desapontamento, a mãe insiste em dizer que está bem e aceita o que a filha lhe comunica.

Embora não tenha sido dito, foi comunicado que a escolha da filha provoca o sofrimento da mãe. O que produz sentimento de culpa nela que, por isso, pode abdicar de seu desejo de liberdade e autonomia. Nesse caso, foram utilizados dois canais de comunicação (a fala e a expressão facial) na mensagem duplo-vinculadora. Mas a mãe insiste e utiliza outro paradoxo, agora utilizando apenas o canal de comunicação verbal, dizendo: "Seu pai vai entender também, como eu, o fato de você não querer mais morar conosco, mas fale com cuidado, você sabe, ele já teve um infarto, e ele gosta demais de você. Isso pode ser um duro golpe nele."

De qualquer modo, uma criança que foi educada utilizando-se o amor (através do duplo-vínculo e da chantagem) como instrumento de dominação de seus desejos por mais liberdade e autonomia, acaba tornando-se apática, insegura e, no limite, louca. Dificilmente se tornará uma pessoa autônoma, decidida e corajosa. Isso porque, quase sempre, foi questionada ou desqualificada em suas ideias e intenções. É provável que o grau de apatia e dependências dos membros de uma determinada família tenha tanto mais intensidade quanto maior o uso e frequência dos duplos-vínculos.

No exemplo da garota houve mensagens paradoxais e duplo-vinculadoras. Não houve linguagem direta, sincera e objetiva, afirmando um sim ou um não definitivo, ou mesmo explicitando o desejo contrário da mãe. Caso a mãe mostrasse sua opinião, mesmo em desacordo com a escolha da filha, mas de forma clara e sincera, não seria grave, pois haveria um impasse explícito. O que prejudica a comunicação é o fato de existir tanto uma como outra possibilidade, simultaneamente e em desacordo entre elas, e ao mesmo tempo veladas. Comunicações semelhantes são utilizadas constantemente no desenvolvimento dos indivíduos nas sociedades hierarquizadas e, com isso, a confusão vai deformando, alterando a compreensão dos fatos e modificando o seu comportamento. Esta é a forma de comunicação utilizada pelas famílias na grande maioria das pessoas que se tornam neuróticas.

Devido à ausência de sinceridade, as relações tornam-se poluídas de mentiras, chantagens e duplos-vínculos. No Brasil, existe uma expressão largamente utilizada, muitas vezes em sentido duplo-vinculador: é o famoso "tudo bem". Em muitas situações as pessoas não gostam ou não concordam com determinadas coisas, mas mesmo assim, dizem: "tudo bem...". Às vezes sente-se que não está tão bem assim. Sentimo-nos, então, confusos ou culpados por nossos atos e escolhas na relação com àquela determinada situação. Outro dispositivo frequente nas interações sociais é a ironia, quando são utilizadas palavras que manifestam o sentido oposto do seu significado literal. Diante da dificuldade em ser franco com alguém, a ironia serve para afirmar o contrário daquilo que se quer dizer ou do que se pensa. Seja como for, quando estas comunicações são estabelecidas entre pessoas que não possuem um forte componente afetivo, seu efeito é bastante menor. O duplo-vínculo só causa confusão, culpa e dependência quando existe a ameaça subjetiva de perda afetiva.

Outro aspecto importante do duplo-vínculo é o fato dele ser sempre bilateral. Ele só funciona quando o comunicador e o comunicado mutuamente entram num jogo. Portanto, a única forma de evitar o duplo-vínculo é uma das duas pessoas da relação não praticar o seu. Na Soma, estudamos os duplos-vínculos recebidos por uma pessoa que a deixaram confusa e dependente em relação a outras. Mas estudamos, sobretudo, os duplos-vínculos que ela aplica sobre as pessoas que ama e com as quais se relaciona, confundindo-as e deixando-as fracas, sob sua dependência. Toda pessoa que foi duplo-vinculada torna-se grande duplo-vinculador. É assim que se opera a cadeia autoritária no plano microssocial, na reprodução quase espontânea dos mecanismos de poder presentes em relações próximas e envolvidas por importantes laços afetivos.

São estes jogos sutis de poder, utilizados na comunicação diária, que serão prioritariamente estudados na micropolítica do cotidiano. Nos grupos de terapia, procuramos incentivar uma nova maneira de convivência entre as pessoas, em que a comunicação seja baseada em uma política de sinceridade. Logo, ao denunciar o duplo-vínculo e seus efeitos, estamos combatendo o mecanismo primário do autoritarismo nas relações interpessoais. É assim que trabalhamos sobre os mecanismos comunicacionais das relações humanas, onde surgem os primeiros indícios da neurose.

O duplo-vínculo é uma poderosa arma da dominação social porque acontece no dia a dia, na relação amorosa, na relação pai e filho. Acreditamos que é preciso transformar a forma convencional de organização social, baseada nos padrões tradicionais de organização familiar, onde o amor é utilizado para gerar culpa e ressentimento. São nelas, fundamentalmente, que se operam os mecanismos de docilização dos indivíduos. Como afirmou Wilhelm Reich, "a família espelha e reproduz o Estado", criando as condições básicas de disciplina e controle, que mais tarde se ampliam na vida social dos indivíduos.

O homem, sendo um animal gregário, necessita de outros para a sua sobrevivência. Ele se constitui na interação social, cultural e afetiva entre outros seres humanos. Portanto, alguma forma de agrupamento humano, como a família, precisa existir, mas com uma ética de convivência diferente da que conhecemos. Uma nova família, em que o amor não seja utilizado para dominar e neurotizar, mas apenas para ser vivido e desfrutado.

POR UMA PSICOLOGIA DA AUTONOMIA

A Soma é uma terapia explicitamente libertária. Adotamos há muitos anos a designação de *uma terapia anarquista* como forma de deixar claro uma perspectiva ético-política na condução e objetivos terapêuticos. Os conceitos e as vertentes teóricas até aqui apresentadas se articulam em torno da compreensão de que o ato terapêutico deve levar em consideração não apenas o indivíduo isolado, mas também suas relações sociais e as práticas de poder nelas envolvidas. Nosso entendimento de saúde, portanto, caminha junto com a construção de sociabilidades mais livres e mais horizontais, refletindo um modo de vida libertário no aqui-e-agora.

Sabemos que a neurose, além de produto das relações autoritárias que começam na família tradicional, é também a garantia para a manutenção da sociedade hierarquizada. Os mesmos mecanismos de poder que nos afetam e reproduzimos, nos afastam de nossa autorregulação e de nossa unicidade. Sem nos darmos conta, também sacrificam-se projetos e sonhos individuais para ter melhor aceitação das pessoas e manter a máquina social funcionando. A neurose acaba por condenar a vida a ser apenas uma peça a mais de uma engrenagem instituída e oficializada: o sistema capitalista.

Fica claro, assim, que somente uma mudança na ética de convivência entre os indivíduos pode quebrar o círculo vicioso das relações baseadas no jogo dominador-dominado. Somos neurotizados para sermos mais facilmente dominados e, o que é mais grave, nos tornamos também agentes neurotizantes das pessoas com quem nos relacionamos. Para nós na Soma, não temos dúvida de que só é possível modificar esse esquema de reprodução e perpetuação da disciplina e do controle através de uma vida libertária.

A queda do bloco comunista do Leste Europeu nos fins dos anos de 1980 desencadeou a ruptura do sonho marxista de socialismo de Estado como contraponto ao capitalismo. Restou ao anarquismo, ou socialismo libertário, ser a única ideologia que se apresenta contrária ao capitalismo no presente, caracterizado em sua dimensão globalizada e hegemônica no mundo, capilarizada em diferentes esferas da sociedade. Através da vida libertária é possível pensar uma atitude rebelde e ativa no cotidiano, e buscar novas formas de atuação no campo ético e político.

O anarquismo vem sendo combatido desde o final do século XIX, tanto pelo capitalismo como pelo socialismo autoritário marxista. A principal forma de desqualificação foi associá-lo ao sentido de bagunça, desordem, confusão. Esse sentido pejorativo foi utilizado pelos que acreditavam na necessidade de um poder instituído, uma autoridade para governar os homens. O governo seria a garantia de uma sociedade organizada e justa. Mas a história prova o contrário, os governos serviram para manter o privilégio das minorias, produzir guerras e manter o jogo autoritário sobre as pessoas.

A palavra anarquia vem do grego e significa "ausência de autoridade ou governo". Para que o anarquismo aconteça é necessário, ao contrário do que se propaga, que a vida libertária ocorra através da auto-organização individual e social. Porém, esta organização jamais deve ser exigida ou mesmo determinada por algum agrupamento de pessoas, sejam partidos, governos ou qualquer forma de organização autoritária. Mas, a partir de organizações livres, auto-organizadas e federadas, criadas por pessoas que construam sua existência de maneira autônoma. A anarquia só poderá emergir a partir de uma pluralidade de auto-governos inscritos em comportamentos individuais e coletivos.

O anarquismo não tem uma proposta fechada de organização social. Não é um objetivo a ser alcançado como um paraíso libertário, mas, sim, um processo de transformação a ser construído cotidianamente. A prática anarquista em direção à construção de sociabilidades mais livres se dá no presente, na eliminação do poder autoritário entre as pessoas, no respeito às singularidades e individualidades e na prática social autogestiva.

Nas práticas libertárias, não estão em jogo a tomada e posse do poder, mas, sim, a sua destruição, enquanto poder centralizado e hierarquizado, ao mesmo tempo em que haja uma socialização dos poderes. Qualquer mudança na sociedade só é possível se for feita de baixo para cima, nunca ao contrário, imposta por um governo, mesmo que este se autodenomine "socialista". A vivência libertária acontece na construção de uma nova ética nas relações pessoais e sociais, em que a dominação seja substituída pela solidariedade. Isto não precisa ser feito no futuro, a partir do equacionamento das disputas de poder ou do fim do autoritarismo, o que seria uma abstração; mas, sim, a partir de agora, no dia a dia das pessoas.

Desta forma, a Soma utiliza no decorrer de sua prática terapêutica as referências libertárias do anarquismo, para mostrar outra possibilidade para as pessoas de relacionarem-se com o mundo de maneira distinta da qual normalmente nos relacionamos. Esse jeito novo é a aposta numa postura de vida autêntica, potente e prazerosa no cotidiano. Cada pessoa pode e deve exercer aqui-e-agora sua diferença para tornar-se um ser autônomo, autorregulado e responsável por sua vida e seus atos.

Nós, somaterapeutas, procuramos transformar nosso dia a dia na prática libertária. Em nosso trabalho, o anarquismo está presente como referencial metodológico para mais fácil identificar os jogos de autoritarismo, fonte da neurose. Entretanto, não procuramos fazê-lo de forma proselitista, até porque a descoberta em cada um de sua ideologia é uma condição pessoal. Mas mostramos como uma pessoa pode lutar por sua liberdade mesmo dentro de uma sociedade autoritária, através da prática libertária.

O anarquismo liga-se diretamente a todas as teorias psicológicas em que nos baseamos. Assim, uma pessoa que vive de forma anarquista o seu cotidiano luta para não se submeter a qualquer forma de autoritarismo e, sobretudo, não exercer mecanismos de poder em suas relações amorosas, através de chantagens ou duplos-vínculos. A fala franca se apresenta como ato de coragem para o exercício da comunicação sincera, clara e objetiva. Sua couraça deverá estar mais flexível, menos rígida e cronificada, uma vez que busca enfrentar e lutar, tanto pessoal como socialmente. Isto lhe reserva energia para fechar suas gestalts e poder criar e amar de forma e jeito próprios.

A prática anarquista e sua crítica permanente ao poder centralizado servem de referencial à nossa metodologia, tanto na forma em que o grupo trabalha (autogestão), quanto na relação terapeuta-grupo. O somaterapeuta participa diretamente da dinâmica do grupo, se posiciona e recebe dos outros membros críticas e sugestões sobre seu trabalho. Ele participa do processo coordenando o grupo, como um membro do processo autogestivo, que exerce sua liderança de forma não autoritária.

Desta forma, os demais integrantes podem concordar ou não com as suas ideias. No caso de outras terapias, é possível que o cliente passe anos sem saber nada da vida do terapeuta e este pode ter uma ideologia completamente contrária à sua, com objetivos de vida opostos. O somaterapeuta é um líder circunstancial atuando da maneira mais horizontal possível. Ele compartilha os seus conhecimentos com o grupo para que os participantes possam, num período predeterminado (um ano a um ano e meio), ser capazes de adquirir autonomia emocional sobre suas vidas, sem desenvolver nenhuma dependência em relação à terapia, ao terapeuta ou ao grupo.

Na Soma, defendemos a liberdade como posicionamento político e o prazer como referencial ético, constituindo assim, um modo de viver libertário. Ao adotarmos uma posição ideológica anarquista, estamos nos colocando no mundo de forma a não aceitar nenhuma forma de autoritarismo de pessoas (pelo afeto, nos relacionamentos amorosos e na família) e de Estado (pela violência, por imposições econômicas e morais).

Na dinâmica autogestionária da Soma, os membros do grupo experimentam um jeito novo e instigante de conviver e produzir uns com os outros. Exploramos os potenciais criativos, afetivos e produtivos, sempre baseados na sinceridade, na solidariedade e na cumplicidade. Esta transformação, experimentada no microlaboratório social dos grupos de Soma, é estendida às relações cotidianas de seus participantes. É assim que se processa a finalidade terapêutica e social da Soma. Isto não existe em qualquer outra terapia. E é exatamente daí que vem o espírito libertário e lúdico do processo: a oportunidade de se experimentar como se é, para viver o seu prazer, a sua diferença, e sem que isso recaia sobre o outro.

Mais do que uma simples terapia, a Soma é pedagogia, auxiliando as pessoas a conhecer seu soma, suas características e sua originalidade única. Em síntese, a Soma se propõe a ser uma pedagogia para a liberdade. Esta proposta clara e aberta de trabalho faz com que os participantes que mais aproveitam o grupo sejam os que procuram a Soma para mudar a vida e não os que vêm atrás de alívio para suas neuroses.

Esta transformação na forma de conduzir a existência busca criar uma vida sem submissão e sem autoritarismo. Assim, a Soma não é uma terapia para simplesmente adaptar as pessoas à sociedade tal qual ela é e funciona. O nosso conceito de saúde aponta para o desenvolvimento da criatividade que leve à construção de novas sociabilidades mais livres e justas, em que o ato de viver não se limite apenas a sobreviver.

Na criação da Soma, a autogestão como princípio libertário foi incorporada ao processo terapêutico por Roberto Freire como prerrogativa do funcionamento do coletivo. A dinâmica de grupo vivificada em autogestão estimula que as decisões, encaminhamentos e escolhas de cada membro sejam valorizadas e realizadas sob outro paradigma de associação, e com isso levar os participantes a elaborarem novas vias associativas e sociabilidades libertárias menos hierarquizadas e consequentemente menos autoritárias.

Viver o processo de um grupo de Somaterapia é dispor-se a uma (re)invenção de si mesmo. O grupo representa um espaço de elaboração de si, no qual cada membro busca entender seu funcionamento emocional-psicológico, simultaneamente ao seu funcionamento ético, social e político. Mas ao perceber estas formas de atuar no mundo, este mesmo grupo também possibilita a mudança de postura e a criação de novos modos de existir. Seriam, portanto, uma função diagnóstica agindo em simultaneidade com uma função transformadora: na medida em que se percebe uma questão, são formuladas estratégias de mudança; isso amplia a percepção, criando novos diagnósticos e novas possibilidades de mudanças.

Desta forma, os espaços coletivos dos grupos de Soma atuam no sentido de promover novas formulações sociais, menos hierarquizadas e mais libertárias. Este projeto segue próximo ao que Reich defendia como o lugar possível de uma psicologia transformadora, ou seja, na confecção de sociabilidades que estabeleçam um contraponto ao capitalismo. Caso contrário, os mecanismos que produzem a neurose seguem seus cursos, e a clínica corre o risco de transformar-se em uma mera mantenedora destes mecanismos. Neste caso, a psicologia atua como paliativa, tornando sua prática um espaço circular e sobrecodificante.

A metodologia da Soma

A FORMAÇÃO DE UM GRUPO DE SOMA

Os conceitos até agora apresentados mostram porque a Soma é um processo terapêutico-pedagógico realizado em grupos, com uma ênfase no trabalho corporal, de duração predeterminada e de conteúdo político explícito: o anarquismo. Trataremos a seguir de delinear seu funcionamento metodológico e seu processo terapêutico.

Os grupos de terapia formam-se geralmente após uma Oficina de Soma. Estas oficinas normalmente ocorrem em um fim de semana e são compostas por demonstrações práticas dos exercícios, além de aulas teóricas sobre as bases científicas da Soma. A Oficina busca fornecer um panorama sintético de nosso trabalho, informando às pessoas interessadas o material necessário para optar se desejam participar de um grupo. As pessoas que procuram as oficinas são geralmente jovens de diversas idades e profissões, mas com uma identificação comum aos temas da liberdade e da autonomia. Não é necessário nenhum conhecimento prévio para participar delas.

Ao terminar a oficina, seus participantes são convidados a iniciar um novo grupo, que terá a duração em torno de um ano a um ano e meio. Este grupo permanecerá aberto pelos três primeiros meses, podendo também integrar-se a ele pessoas que não fizeram a oficina. Após este período inicial da formação do grupo, não entra mais pessoas e ele é fechado para que se possa ser desenvolvida a sua dinâmica e para seguir seu processo.

Geralmente os grupos têm em torno de 12 a 16 pessoas, podendo variar para mais ou para menos. Começamos os grupos com um número maior de participantes, pois há uma queda do número de pessoas ao longo do processo. É importante que o grupo não chegue ao final muito pequeno, já que afetaria a execução dos exercícios e a dinâmica de grupo. O tempo de duração do processo também é afetado pelo número de pessoas que efetivamente chega ao final. Grupo maiores tentem a dura um pouco mais, mas nunca ultrapassando dezoito meses.

AS SESSÕES DE TERAPIA

O grupo trabalha em quatro sessões de terapia, distribuídas ao longo de cada mês em datas e horários pactuados entre todos os integrantes. Cada uma delas tem por volta de três horas de duração, totalizando doze horas de terapia mensais. Na primeira metade de uma sessão de Soma, são realizados *exercícios corporais*.

A Soma tem mais de quarenta exercícios corporais próprios. São diferentes práticas corporais/vivenciais, quase todas com função bioenergética, voltadas à mobilização da energia vital, seguindo as indicações de Wilhelm Reich. Além disso, cada uma delas busca atuar sobre um determinado "campo de vida". Assim, elas agem sobre o comportamento de cada um, despertando elementos sobre sua comunicação, agressividade, tomada de decisão, confiança, medos e uma série de outras emoções e sentimentos. Os exercícios da Soma também fazem emergir questões relativas às práticas sociais, políticas e éticas entres os membros do grupo.

Dessa forma, os exercícios oferecem elementos a cada membro do grupo e ao conjunto dos participantes. A variedade desses elementos e suas implicações irá depender da proposta do exercício em questão, de como cada um é afetado e reage a ele, ao período do processo terapêutico e do grupo. Se em algumas das vivências a abordagem se volta para uma percepção mais individual, encontramos, em outras ocasiões, o grupo como um todo sendo objeto de investigação. Os modos de funcionamento da dinâmica do grupo tendem a refletir questões relativas aos atores ali presentes. Assim, se o grupo encontra-se coeso e envolvido no processo, isto se deve aos mecanismos encontrados por todos na formulação de impasses, conflitos e práticas de poder. Por outro lado, uma dinâmica de grupo na qual haja evasão, dispersão ou recorrentes conflitos revela a dificuldade daqueles atores em elaborar soluções para as questões apresentadas. Apesar de não ser pré-definida a distribuição dos exercícios ao longo do grupo, existem aqueles que são realizados preferencialmente no começo, no meio ou no final do processo.

Os exercícios têm origem no teatro, em danças e jogos infantis, mas são utilizados com objetivos específicos à terapia. Porém, existe uma raiz comum a todos: a ludoterapia. Essa terapia, aplicada a crianças, baseia-se em levá-las a brincar e jogar com brinquedos e jogos padronizados, de modo que se possa revelar, na maneira e forma que se relacionam com eles, os elementos conflitantes em suas vidas, que depois são avaliados com seus pais ou responsáveis.

Os exercícios também são jogos e brincadeiras, onde em sua maioria não se usa a comunicação verbal. Neles, os adultos são levados, através da ludicidade, a comunicar corporalmente suas dificuldades e bloqueios. Costumamos dizer que uma pessoa, quando faz isto, dá "bandeira" de seus problemas. Tudo o que ela procurou esconder, controlando seus movimentos, expressões e comportamentos, revela-se através de alterações do sistema neurovegetativo (tonturas, sudoreses, desequilíbrios, náuseas) ou através das sensações e percepções que ocorrem durante os exercícios. Essas "bandeiras" serão estudadas na fase seguinte da sessão.

De forma geral, os exercícios funcionando como disparadores de sensações e têm por finalidade servir como ponto de partida para problematizações que serão realizadas e aprofundadas no segundo momento de uma sessão de Soma: a *leitura do exercício*, quando trabalhamos a comunicação verbal. Assim, os participantes do grupo dispõem-se em círculo, sentados no chão, e vão relatando, com a ajuda da memória somática (tudo o que o corpo todo registrou, e não apenas o pensamento), as sensações e percepções captadas durante a fase anterior. Este é o momento de decodificar em palavras o que foi vivenciado corporalmente, quando cada membro do grupo busca perceber as questões evidenciadas nos exercícios vivenciais. Cada pessoa vai falando o que sentiu, desde dificuldades (medos, lembranças, bloqueios etc.) até descobertas de prazeres, encantamentos e situações novas de vida. Pode-se falar também das "bandeiras" observadas nos outros, quando ocorrer algo que possa interessar a estes. Porém, quando isso acontece, não se procura julgá-los ou qualificá-los, mas se faz com o objetivo de facilitar a compreensão sobre seus bloqueios. Assim, a leitura não é a busca da verdade, mas o exercício da sinceridade, a forma que cada um viu e sentiu, a si e aos outros por meio de feedbacks.

Outra característica da leitura é trabalhar de maneira gestáltica, ou seja, sempre buscando *como* as bandeiras aconteceram em detrimento do *porquê* elas ocorrem. Em vez de interpretá-las, os participantes são estimulados a compreender o funcionamento dos mecanismos neuróticos denunciados no exercício. Procura-se descrever as sensações e percepções do presente e não fazer interpretações ligadas ao passado. Essas descrições vão ajudar, ao final da terapia, a fechar interpretações definitivas, levando em conta todos os "comos" para se chegar aos "porquês".

O terapeuta, que esteve observando e circunstancialmente intervindo na leitura, posicionado no círculo junto ao grupo, porém sem ter participado diretamente do exercício, finaliza o trabalho fazendo o *fechamento da sessão*. Ele deve fazer uma síntese do material trazido pelo grupo em função do exercício. Analisa suas causas psicológicas e sócio-políticas, e prenuncia como poderão ser enfrentadas pela Ideologia e pela prática da Soma. O grupo recebe, então, material organizado pelo terapeuta que deverá auxiliá-lo no entendimento e na compreensão dos mecanismos atuais da sua neurose. Encerra-se aí uma sessão de terapia, e como foi mostrado, apresenta estas três etapas: exercício, leitura e fechamento.

Nas quatro sessões de terapia mensais, os temas nelas trabalhados buscam uma correlação entre si. Ao longo do processo, estas várias sessões irão fornecendo peças de um "quebra-cabeça" que cada um vai montando sobre suas características e conflitos. Estas informações auxiliam cada participante a ter uma melhor clareza de seu funcionamento emocional-psicológico, além de atuarem terapeuticamente.

Há alguns temas que estão mais presentes que outros, surgindo em diferentes sessões. É o caso, por exemplo, do tema que estabelece uma relação entre o uso da agressividade e a violência. A Soma, por ser um processo que visa à construção de práticas livres no cotidiano, investe fortemente na noção de luta e enfrentamento como prerrogativa para incrementar uma postura afirmativa na vida. Acreditamos que é necessário saber dosar nossa agressividade nas inúmeras circunstâncias de vida para que ela, acumulada, não se transforme em violência. Sempre pensada como uma agonística, a noção de luta para a Soma não significa competição, quem ganha ou quem perde, mas um contínuo e permanente embate diante da vida. Análise semelhante ocorre também, por exemplo, com os temas da espontaneidade, da criatividade e da comunicação que figuram em distintos momentos do processo do grupo.

A DINÂMICA DE GRUPO AUTOGESTIVA E OS GRUPÕES

Além das sessões, o grupo encontra-se no mínimo uma vez por mês, numa reunião sem a presença do terapeuta chamada *grupão*. Nos grupões, os participantes discutem a própria terapia, o trabalho do grupo e do terapeuta, além de aprofundar estudos científicos correlatos à terapia. Esses encontros são fundamentais para a prática da Soma, sobretudo porque neles se experimenta trabalhar em autogestão: aprendizado de uma nova forma de produção social, baseado principalmente na sinceridade e na solidariedade anarquistas.

A autogestão é um meio de produção tipicamente libertário. Configura-se como uma prática que se dá na relação permanente de fragmentação do poder. Pressupõe a auto-organização; o apoio mútuo; a valorização das diferenças individuais e, ao mesmo tempo, a tentativa por formar unidades entre diferenças; a recusa pelas práticas hetorogestoras, hierarquizadas, centralizadoras e autoritárias da organização social.

O termo *autogestão* é relativamente novo, tendo sido incluído nos dicionários franceses na década de 1960, pós-Maio de 1968. No entanto, sua concepção de organização é antiga e está intimamente ligada às tradições libertárias. Apesar de a palavra autogestão, hoje em dia, ser utilizada de diferentes modos e em distintos contextos, seus princípios e suas práticas estão relacionadas à história dos anarquismos.

Ela está implicada com a ideia de acontecimentos concretos e criação de sociabilidades de experimentação social, que se instituem e se constroem por si mesmas. A autogestão é, portanto, um processo e uma perspectiva de transformação individual e social.

METODOLOGIA

É um movimento, produto da experiência de vitórias e de derrotas; é um amplo procedimento de experimentções em todo o conjunto da vida social que visa à construção de relações mais livres.

Na Soma, adotamos a autogestão como princípio básico de produção da terapia. Todos participam, contribuindo e recebendo apoio uns dos outros. O terapeuta serve, neste caso, apenas como um catalisador, fomentando e apoiando a construção da dinâmica de grupo. Na prática autogestiva, o grupo é levado a experimentar um relacionamento social novo, no qual haja uma crítica permanente ao autoritarismo e ao centralismo. Todos são responsáveis pela organização prática do trabalho. No grupão, também são aprofundadas as relações entre os membros participantes, solucionados impasses e conflitos, sempre através do uso da sinceridade.

As características dos grupões são vastas e variadas, dependendo de como cada grupo apresenta sua própria dinâmica, porém estes encontros geralmente possuem forte poder terapêutico. Na construção da dinâmica de grupo, vivificada nos grupões, costumam surgir saldos de nossa formação autoritária como a submissão, o oportunismo, a apatia, a dominação etc. Eles são avaliados criticamente na dinâmica e o grupo toma decisões por consenso. Como trabalhamos sob uma perspectiva libertária, somos contra o autoritarismo de a maioria ter mais poder sobre a minoria, por isso buscamos a decisão sem voto. Através da ação libertária, as decisões do grupo são tomadas sempre levando em conta os direitos e objetivos de todos, aceitando e respeitando as diferenças para se chegar à unidade na diversidade. O impasse, nas decisões, só ocorrerá se houver no grupo alguma vontade autoritária. Assim, na dinâmica de grupo numa perspectiva autogestionária, como o próprio nome indica, o trabalho terapêutico é desenvolvido e liderado por todos que pertencem ao grupo.

A figura do somaterapeuta como líder circunstancial deixa de existir quando a terapia acaba. Ele é uma pessoa que detém conhecimento e vivência suficientes e necessários, capazes de facilitar o processo terapêutico de outras. O somaterapeuta, como qualquer outra pessoa, também é suscetível à neurose, uma vez que vive na mesma sociedade neurotizante. A Soma elimina a imagem mitificada que geralmente se faz em torno do terapeuta. A maioria das práticas de terapias existentes sustenta esta imagem e, por esta razão, espera-se que o terapeuta tenha o poder de curar neuroses já que é uma pessoa livre delas. Não acreditamos nem aceitamos essa visão autoritária e irreal.

O somaterapeuta também deve se colocar, deve ser foco e alvo de críticas como qualquer outro participante do grupo. Seu papel ali é de catalisar o processo terapêutico da maneira mais horizontal possível, assim como estimular e apresentar instrumentos para que os membros do grupos atuem de maneira ativa na produção coletiva da terapia. Mesmo que não esteja diretamente envolvido nas problematizações em torno de sua própria terapia, não deixa de expor questões de vida, posicionar-se diante dos acontecimentos sociais e políticos do momento e romper, com isso, qualquer noção de neutralidade.

Além dos grupões, existe ainda o que chamamos de *marrom*. São encontros sociais variados que o grupo, ou parte dele, realiza. É, por exemplo, irem juntos ao cinema, festas, praias ou qualquer outra forma de convívio social. Estes encontros são muito importantes para a socialização e integração afetiva dos participantes. Esta é uma prática condenada por outras terapias, como a Psicanálise, por exemplo, que a chama de "acting out".

As sessões de Soma são realizadas geralmente em salões. São espaços de dança, de ginástica ou de esportes onde o grupo se reúne para realizar as sessões de terapia. Para se aproximar mais dos objetivos libertários que a Soma defende, realizamos vivências fora das cidades, chamadas de *Maratonas de Campo*. Durante um fim de semana, o grupo convive, produz e faz terapia em contato direto com a natureza. Os grupos que funcionam no sudeste do país fazem suas maratonas em Visconde de Mauá, no Rio de Janeiro. Para os grupos do nordeste trabalhamos na Chapada Diamantina, na Bahia. E os grupos da região sul, nos cânions de Itaimbezinho e Fortaleza, no Rio Grande do Sul.

Essas regiões têm características comuns que aproveitamos como componentes dos exercícios específicos da maratona. Contato com rios, cachoeiras, trabalhos com argila, passeios pela mata etc. são utilizados de maneira terapêutica. Além de promover uma imersão do grupo, que inclui a viagem, a hospedagem e a convivência por três dias, estas viagens possibilitam fazer emergir diferentes questões terapêuticas em função do contato direto com a natureza. O contato com a água gelada, a diferença de relevos e altitudes, o prazer estético são alguns dos elementos que trazem ganhos significativos ao processo de cada um e à dinâmica do grupo. Se a vida nas cidades traz um certo controle das formas que nos deslocamos e funcionamos, a natureza oferece um conjunto de estímulos e situações que escapam do que está posto, requisitando uma presentificação, uma atenção voltada ao aqui-e-agora. Caminhar sobre as pedras de um rio, por exemplo, requer observar e decidir a cada instante as direções do próprio deslocamento.

São realizadas até três maratonas de campo. Eles ocorrem durante o período dos exercícios, a primeira em torno do sexta mês e a segunda quando acaba a bateria de exercícios. Por fim, eventualmente realizamos mais uma maratona de campo quando acaba a terapia. Elas servem ainda como experiência autogestionária do grupo, sendo avaliados os processos de organização coletiva para a viajem, a hospedagem e a convivência social durante o período.

INTRODUÇÃO À SOMA

AS CADEIRAS QUENTES E O ENCERRAMENTO DO PROCESSO

Trabalhamos com uma média de quarenta e cinco exercícios terapêuticos durante o processo do grupo. Em média, no sexto mês realizamos a primeira maratona de campo e no décimo mês a segunda. Quando acaba esta fase dos exercícios na Soma, inicia-se a fase final da terapia chamada *Cadeira Quente*. Este é o momento de organizar o material terapêutico dos membros do grupo de Soma. A esta altura, cada pessoa já atingiu o claro entendimento da prática da dinâmica de grupo numa perspectiva autogestiva. Também já criaram-se laços e vínculos de cumplicidade, respeito e confiança entre os membros do grupo, assim como a percepção de como cada um opera neste micro-laboratório social.

Na cadeira quente, cada sessão de três horas é dedicada a apenas um participante do grupo, com o intuito de reunir os principais elementos que representaram a passagem desta pessoa neste grupo. A cadeira é uma criação original da Soma. Ela surgiu bem depois que Freire começou a nomear seu trabalho de Soma, quando percebeu ser incompleto o término da terapia após o final dos exercícios. Então, imaginou algo semelhante ao jeito como trabalhava Friedrich Perls no estudo dos sonhos de seus clientes na Gestalt-terapia, através da chamada *hot seat*. Apoiando apenas na disposição cênica do trabalho gestáltico, na qual o "cadeirado" e o terapeuta sentam-se lado ao lado e o restante do grupo posiciona-se em forma de plateia diante dos dois, a cadeira quente da Soma não trabalha na análise dos sonhos, mas nos percursos de cada um ao longo da terapia. Divide-se em quatro etapas: *indução, afirmações, perguntas* e *fechamento*.

Durante as três horas dedicadas àquela pessoa, são apresentadas pelo terapeuta e pelos membros do grupo todas as impressões colhidas a seu respeito em mais de um ano de convivência. É um momento privilegiado na autogestão da Soma, em que o terapeuta e os membros do grupo trabalham juntos, no sentido de proporcionar, a cada um, o entendimento dos fatores psicológicos, sociais e políticos que inibem a expressão de sua originalidade única. Nas quatro etapas que compõem a cadeira quente, o terapeuta e os demais membros trabalham a fim de proporcionar o maior número possível de informações ao "cadeirado".

Não se trata de um julgamento, muito menos de um conjunto de conselhos que o outro irá seguir, mas sim da reunião dos elementos e características desta pessoa no grupo. É a busca por criar juntos uma cartografia de si, na qual procura-se identificar as particularidades da couraça emocional de cada pessoa, assim como entender como ela lida com suas gestalts, estabelece seus paradoxos comunicacionais, opera nas sociabilidades do ponto de vista ético, estético e político. Enfim, procura-se, nas cadeiras quentes, traçar os principais elementos que nos constituem e nossos processos de subjetivação.

Isto se faz através de uma política da sinceridade. É algo semelhante ao que Michel Foucault chama de *parrésia* ou a coragem da verdade: um ato de força, franqueza e ousadia para falar ao outro. A parresía é o termo em grego para designar a coragem de se dizer o que se pensa, em expor tudo e de falar francamente. Foucault, em sua obra *O governo de si e dos outros*, trata desta antiga noção e seu uso político desde os tempos da politeia (constituição) e da democracia na Grécia. A palavra certa, proferida no momento adequado, pode ser um poderoso instrumento para romper pactos silenciosos, muitas vezes camuflados em ironias e sarcasmos. Quando a verdade é proferida sem malícia, não se guarda rancores. Se houver respeito e confiança para afirmar o que se pensa, o exercício da sinceridade não ofende. Normalmente, no período da cadeira quente, o grupo já adquiriu as condições para que todos possam ser parrésicos e autênticos uns com os outros, sem que isso cause qualquer constrangimento.

Assim, este trabalho das cadeiras quentes, realizado com bastante cuidado e carinho, representa o período mais gratificante da Soma, assim como o mais belo e encantador. A política da sinceridade, aliada com a solidariedade, cria um ambiente no grupo em que afetividade e luta se alinham no propósito de promover um encontro potente entre as pessoas. Apenas quem passa por sua cadeira quente e dos demais membros do grupo terá condições de compreender e absorver os ganhos da Soma em sua totalidade.

Depois de realizadas as cadeiras quentes de todos os participantes, chega-se a vez do terapeuta. Ele também recebe do grupo as informações colhidas sobre seu comportamento durante o processo da terapia. Concluída a última cadeira quente, podemos realizar a terceira maratona de campo. Quando esta não ocorre, o processo acaba após a última cadeira quente, que geralmente é a terapeuta. Um ano depois do término do grupo, ele volta a se reunir com o terapeuta para uma avaliação de como está a vida de cada ex-participante. Este encontro chama-se *Chão Quente*, e são realizados tantos quantos forem de interesse e necessidade do grupo.

DESENVOLVIMENTO DO PROCESSO TERAPÊUTICO

A Soma se constitui como um processo terapêutico breve, que não costuma passar de dezoito meses. Essa é uma condição defendida por nós para evitar a formação de qualquer tipo de dependência à terapia ou ao terapeuta. Nosso objetivo é oferecer um processo curto, que se conclua como um todo e que auxilie as pessoas na construção de sua autonomia. Mais que promover uma cura absoluta da neurose e dos conflitos emocionais, uma fabulação tão idealizada quanto falsa, nos interessa pensar o processo terapêutico como a confecção de uma caixa de ferramentas para que cada um possa, ao longo e ao final do processo, criar táticas de uso delas e manejá-las de maneira singular diante dos desafios e dilemas da existência.

Visto assim como um todo e dividido apenas para efeito didático, o processo terapêutico em Soma compreende as seguintes etapas: introdução pedagógica, socialização, dinâmica, resistência, crise, superação da crise e cadeira quente. Em todas essas etapas, o efeito diagnóstico anda junto e simultâneo ao terapêutico. A percepção dos bloqueios que geram a neurose já é, em si, uma atitude de mudança, um ato terapêutico. E toda transformação de vida abre novas oportunidades diagnósticas e terapêuticas. É, portanto, um mecanismo dinâmico e cíclico, não podendo as partes existir e funcionarem sem as outras. O que nos interessa é que os membros dos grupos possam transformar percepções e entendimentos em ações e práticas diante dos mecanismos que bloqueiam suas vidas. E, com isso, estabelecer a passagem do que podemos chamar de um autoconhecimento para uma (re)invenção de si.

Na introdução pedagógica, logo no início do processo, oferecemos ao grupo todas as informações teóricas e vivenciais necessárias ao entendimento ideológico e terapêutico da Soma. Mostramos como, para nós, os sintomas neuróticos são decorrentes de bloqueios externos à expressão livre da originalidade única das pessoas. Entendendo isso, os participantes do grupo sabem que o nosso trabalho estará voltado para as causas sociais e políticas que geram os sintomas e não a eles diretamente. Esta etapa ocorre nos primeiros três meses do grupo, onde ainda é possível entrar pessoas que irão compor o processo.

Outra característica da Soma é ser uma terapia basicamente lúdica e socializante. Os exercícios utilizados nas primeiras sessões do grupo já facilitam esta socialização. Os participantes são estimulados pelo terapeuta a conhecer um tipo de relacionamento menos hierarquizado, baseado na autogestão. O desafio de participar de uma interação diferente, mais sincera e direta, torna visíveis as dificuldades de cada um para viver sua originalidade e para conviver com as diferenças. A socialização é o início de um processo de mudança, através da construção de novas relações sociais libertárias, para a retirada dos saldos da formação autoritária das pessoas.

A dinâmica de grupo começa a se formar quando já existe um vínculo afetivo e político entre os membros. Ela estabelece um estado de colaboração, de cooperação e de cumplicidade nas relações e projetos entre os participantes do grupo. Sempre produto de ideologia e objetivos comuns e respeitando-se as diferenças individuais, uma boa dinâmica facilita que cada pessoa exerça, da forma mais completa que ela possa, seus potenciais criativos e produtivos. Baseado nas ideias do anarquismo, o trabalho coletivo tem mais força e qualidade que o somatório dos trabalhos individuais. É na dinâmica de grupo que efetivamente irá se processar a terapia, tanto no plano pessoal (autoconhecimento) quanto no plano social (novas estratégias de convivência).

É no conflito existente entre a perda das defesas e dos valores que caracterizam a neurose e a possibilidade de mudança para uma nova forma de ser e conviver que costuma surgir a *resistência* à terapia. Ela é um mecanismo inconsciente de luta contra o processo terapêutico, no qual o paciente contradiz a intenção e vontade conscientes em provocar transformações em sua vida. Superar as resistências significa enfrentar os medos que bloqueiam e impedem os necessários enfrentamentos na terapia e na vida social.

Podemos distinguir do ponto de vista psicológico a existência de dois tipos de medos. O primeiro podemos aqui chamar de medo real ou biológico, aquele responsável por nossa sobrevivência, uma vez que necessitamos dele para nos proteger de uma situação real e ameaçadora à nossa sobrevivência enquanto seres vivos. O instinto de sobrevivência nos permite perceber quando algo está pondo nossa garantia de vida em jogo, nos alertando com o medo para que possamos tomar uma atitude. Este "sinal vermelho" é fundamental e imprescindível para a espécie humana, não podendo qualquer indivíduo se afastar dele.

O segundo tipo de medo é de ordem neurótica e fantasiosa, ao qual nossas resistências se aderem. Nesta situação, o medo é produzido desde o início de nossa infância e caracteriza-se por seu aspecto fantasioso e catastrófico, e geralmente associado a um mecanismo político de controle e repressão. É o chamado medo do medo, aquele que antecipa qualquer ação antes mesmo da pessoa tentar executá-la. É sobre este tipo de medo que a sociedade está cada vez mais amparada, tornando a própria existência humana mergulhada numa série de temores para além da realidade. Além deste tipo de medo manifestar-se em função das transformações que a terapia produz, também podem ocorrem em situações de vida onde a pessoa sinta-se ameaçada e/ou exposta.

Uma pessoa em estado neurótico, por mais que sofra por sua condição, consegue moldar-se e buscar um jeito de sobreviver. Sair desse esquema leva à vivência do novo, à experiência do risco no lugar da segurança das antigas defesas. É aí que ocorre, por medo da mudança, a resistência. Ela se manifesta por meio de atitudes bastante variadas, desde reações neurovegetativas quando a couraça é mobilizada e apresenta seus sintomas, até rejeição ao grupo, à terapia ou ao terapeuta.

Vencer a resistência é fundamental para se trabalhar com a neurose e suas defesas, e vai depender da eficiência do processo terapêutico para se chegar a isso da melhor forma. A luta que se estabelece entre a terapia e a resistência à terapia acaba levando o grupo e cada um de seus membros à *crise*. Ao contrário do sentido normalmente usado para definir a palavra crise, para nós, ela representa algo positivo, favorável. É através dela que encaramos os obstáculos e impedimentos para a vida e achamos as possibilidades de solução para vencê-los.

A superação da crise representa o "ponto de viragem" terapêutico, a partir do qual se é possível passar de tais entendimentos diagnósticos às ações efetivas de mudança de atitudes no cotidiano, levando a resultados significativos na terapia. Cada um começa a entender mais claramente seus mecanismos neuróticos, deslocando a ação do plano psicológico para o ético-político, na elaboração de novos modos de vida. Esta passagem é fundamental para a maturidade necessária ao grupo no trabalho da cadeira quente.

A ARTE-LUTA DA CAPOEIRA ANGOLA

Procurando ampliar a ação bioenergética durante o processo terapêutico, no início da década de 1990 introduzimos a prática da capoeira angola à Soma. Isso ocorreu quando constatamos a importância de um trabalho corporal mais constante e eficaz para ajudar na descronificação da couraça muscular e na economia energética necessária para enfrentar os conflitos neuróticos. Entre as modalidades corporais que tínhamos disponíveis, a capoeira se mostrou a mais instigante e completa, além de ser algo ligado às raízes históricas do Brasil. Chegamos a pesquisar outras modalidades de trabalhos corporais, como o tai chi chuan, a natação, a dança afro etc., que produzem efeitos semelhantes na descronificação da couraça. Mas nenhuma delas é tão rápida e eficiente como a capoeira angola na mobilização da bioenergia e na disposição para a luta, fator imprescindível no processo de mudança.

Os resultados dos exercícios bioenergéticos são apenas provisórios na luta permanente que travamos contra os efeitos causados pelo autoritarismo sobre a subjetividade das pessoas. Eles diminuem a tensão da musculatura, mas não são suficientes nem garantem a manutenção da couraça descronificada. Agindo como um forte trabalho neuromuscular, a capoeira mobiliza praticamente todos os músculos do corpo, liberando a energia estagnada e auxiliando no restabelecimento da circulação livre da energia vital.

Como já mostramos na primeira parte deste livro, Reich fez uma importante descoberta quando localizou sete regiões do corpo onde se formam as tensões musculares, os chamados anéis ou segmentos de couraça. Os movimentos da capoeira, com sua ginga e golpes de defesa e ataque, atuam sobre praticamente todos esses anéis de couraça simultaneamente. Desde a couraça pélvica, a "cintura presa", até a couraça ocular, a testa "franzida", tudo está em constante atividade neuromuscular, distendendo-se e contraindo-se, realizando um movimento constante em todo o corpo.

Trabalhamos com a capoeira angola, também conhecida como capoeira-mãe, numa alusão à sua história e importância. Ela emerge no período da escravidão do Brasil colonial, quando era praticada dentro das senzalas ou nas matas, onde o negro disfarçava sua luta em dança, rituais e brincadeiras. Ali, o escravo preparava-se para enfrentar a violência e tirania da escravidão, uma normalidade instituída e perpetuada por séculos no país.

É comum grande parte das pessoas apenas conhecerem variações atuais da capoeira angola, com a capoeira regional ou até mesmo o que alguns definem como capoeira contemporânea. Essas variações aconteceram a partir da década de 1930, quando um capoeirista baiano chamado Mestre Bimba criou a Luta Regional Baiana, que depois ficou conhecida como capoeira regional. Fruto da mistura com outras lutas, a própria capoeira regional vem sofrendo modificações, tornando-se mais competitiva e violenta.

Já a capoeira angola busca preservar as tradições e rituais do passado. As mandingas e dissimulações caracterizaram sua estratégia de luta, pois como era uma prática proibida durante muitos anos, necessitava "disfarçar" seus elementos de enfrentamento em passos de dança, jogos e rituais religiosos. Considerado guardião da capoeira angola, o Mestre Pastinha costumava dizer: "Capoeira Angola, mandinga de escravo em ânsia de liberdade. Seu princípio não tem método e seu fim é inconcebível ao mais sábio capoeirista. Capoeira é amorosa, não é perversa. É um hábito cortês que criamos dentro de nós, uma coisa vagabunda."

A capoeira angola caracteriza-se por movimentos mais lentos e rasteiros, que ativam um número maior de músculos, produzindo uma massagem mais eficiente do ponto de vista neuromuscular. Além disso, ela proporciona maior conscientização do movimento, importante fator para a percepção corporal. O jogo da capoeira deve buscar estabelecer um diálogo, numa comunicação harmônica entre os corpos dos capoeiristas.

A história da capoeira angola é outro importante fator para sua adoção como instrumento terapêutico em nosso trabalho, pois é parecida com a história da Soma. Ambas surgiram como práticas de libertação de situações opressivas, onde as limitações à liberdade eram encaradas como algo natural. Os negros inventaram a capoeira como forma de resistência à escravidão imposta pelos brancos no Brasil, transformando seus corpos em arma de luta. Durante o período da ditadura civil-militar, a Soma foi criada como instrumento psicológico para fortalecer a luta pela dignidade e liberdade.

A luta é elemento básico para o enfrentamento dos mecanismos de poder que atuam e tentam impedir a autorregulação e a liberdade de ser. Podemos observar que a disposição de luta numa roda de capoeira angola está relacionada às nossas atitudes de luta na vida. Desta forma, a roda de capoeira é um treino e um diagnóstico de como estamos lutando e de como estamos demonstrando nossos enfrentamentos no meio social. Como já vimos, nosso esquema corporal é um reflexo direto de nova vida emocional e vice-versa.

Se uma pessoa mostra no seu cotidiano atitudes de submissão, seu corpo tende a demonstrar isso através de sua postura. Assim como uma pessoa autoritária, desconfiada, arrogante etc. Então, ao prepararmos o nosso corpo para a luta, estamos atuando também sobre as nossas emoções, adquirindo coragem e confiança na realização de nossos objetivos. É dessa maneira que a capoeira angola também atua sobre a couraça somática, facilitando o processo de mudança nas posturas de vida que assumimos. Durante o processo terapêutico, nossa intenção não é formar capoeiristas, isso depende do prazer individual e das habilidades de cada um. O que propomos apenas é que os participantes adquiram um mínimo de capacidade para a luta que os auxilie nas transformações por mais liberdade.

É também com a capoeira angola que pretendemos perceber o uso de nossa agressividade. Como já foi apresentado no primeiro capítulo, é importante não confundir agressividade com violência. Para nós, ser agressivo faz parte do ato de viver. A vida é um constante ato de escolha, de opção, e usar a agressividade de forma natural e equilibrada significa buscar o que queremos e/ou necessitamos. Cada vez que abrimos mão da realização dos nossos desejos, estamos bloqueando nossos impulsos, que mais tarde poderão se transformar em atitudes de compulsão violenta.

Estimulamos que os participantes de Soma continuem praticando a capoeira angola como instrumento de trabalho terapêutico mesmo depois de terminada a terapia. Ela é uma atividade autônoma de manutenção da saúde para quem a pratica. Depois de vencidas as dificuldades iniciais, como o preconceito e o medo do risco, a capoeira acaba virando sinônimo de prazer.

As cantigas, o toque do berimbau, a mandinga, os movimentos, a roda, tudo na capoeira tem um aspecto lúdico. Por isso não se *luta* capoeira, *joga-se* capoeira. Ela é um jogo, em que a malícia e a habilidade determinarão a estratégia. Na roda, joga-se com todo o corpo, onde os movimentos buscam ser harmônicos e comunicativos. As pessoas que praticam a capoeira são envolvidas de uma forma que a emoção, a razão e o físico integram-se plenamente. Mais do que uma simples dança ou luta, a capoeira angola é um estilo de vida, uma maneira de encarar o ato de viver.

Nas sessões terapêuticas da Soma, algumas delas são destinadas à prática da capoeira angola, com o próprio somaterapeuta ou eventualmente com mestres e capoeiristas de fora que são convidados a oferecer oficinas a partir de diferentes aspectos da capoeira, que abrangem desde a musicalidade até movimentos e rodas. Nestas sessões, após exercícios de aquecimento próprios, realizam-se as *rodas de capoeira*, nas quais, como nos outros exercícios de Soma, surgem novas "bandeiras". Da mesma forma que nas outras sessões, é feita a leitura e o fechamento. Nesse caso, a capoeira angola serve como referencial, tanto para estudo bioenergético quanto de capacitação para luta.

Apesar de ser fundamental para a Soma, o trabalho realizado nas sessões de terapia com a capoeira é insuficiente para desenvolver os potenciais de quem a pratica. Por isso, recomendamos ao grupo a prática da capoeira em paralelo às sessões de terapia. Isso depende muito do interesse e disponibilidade de cada um. Mas acreditamos que duas vezes por semana seja uma quantidade suficiente para qualquer pessoa se qualificar e obter dela seus benefícios. Nas cidades onde trabalhamos, costumamos ter vínculos de parceria com grupos e capoeiristas que oferecem treinos regulares.

Considerações sobre uma psicologia libertária

A Soma tem mais de quarenta anos de atividades no Brasil e na Europa. Apesar das mudanças que vem experimentando ao longo dos anos, parte substancial de suas bases teóricas e de suas práticas surgiram das pesquisas originais de Roberto Freire, fruto de suas incursões em teatro, psicologia e ação política. Algumas vezes acompanhado por cúmplices que lhe deram apoio, muitas outras sozinho, Freire criou esta potente abordagem eminentemente brasileira. Nosso desafio atual tem sido em contribuir e ampliar a prática da Soma, através da criação de novos exercícios, na articulação com novos saberes ou mesmo na expansão de sua aplicabilidade.

Sendo uma obra aberta, a Somaterapia mantém-se em movimento, e por caracterizar-se enquanto processo terapêutico-pedagógico libertário está envolvida na permanente relação entre o comportamento individual e a construção de sociabilidades livres e não hierarquizadas. Desta forma, sua realização e desenvolvimento sempre buscou, a partir da prática da autogestão e da solidariedade mútua, uma maneira própria de organização que propicie esta permanente construção frente às transformações pelas quais passam o indivíduo e a sociedade.

Foi assim que no início da década de 1990, reunidos na Ilhabela, litoral sul de São Paulo, traçamos as bases para criação de um veículo capaz de dar continuidade às pesquisas de Freire, desenvolvendo e difundindo a Soma através de livros, cursos, grupos de terapia etc. Surgia o Coletivo Anarquista Brancaleone, reunindo

Roberto Freire e uma equipe de somaterapeutas ligados a ele. Inspirados pelo clássico do cinema italiano *L'armata Brancaleone*, de Mario Monicelli, uma sátira bem humorada sobre a necessidade da utopia, criamos o nosso Coletivo Brancaleone como veículo de ação libertária tanto para a prática da Somaterapia, como para intervenções dentro do meio social.

O Brancaleone de Monicelli foi um importante símbolo de resistência política dos jovens envolvidos com as lutas sociais e ideológicas das décadas de 1960 e 1970, no Brasil e no mundo. Inspirados pelas lutas e aventuras atrapalhadas do cavaleiro Brancaleone, a comédia italiana representava àqueles jovens a possibilidade de fazer política distante da sisudez dos partidos políticos marxistas. Eles reivindicavam o lúdico, o humor e a utopia como ingredientes centrais da militância revolucionária tão longe das tradicionais formas de ação política.

Ícone de seu tempo, o filme *L'armata Brancaleone* também nos serviu de inspiração anos depois de seu lançamento. De alguma forma, a trajetória da Soma ao longo desses anos não deixa de ser uma luta "brancaleônica". Afirmo isto por considerar que depois de tantos anos de existência, foram poucos somaterapeutas que formamos. Sempre em pequeno número, porém lutando e acreditando juntos nas possibilidades do anarquismo contemporâneo, especialmente no que chamamos de "anarquismo somático". Atuando em coletivo, através de autogestão, nosso Brancaleone em muitos momentos tentou desfazer a lógica suicida do conformismo normalizado da sociedade em que vivemos, que não vê saídas que não sejam as mesmas de sempre, à frente da realidade que se apresenta diante de nós.

Mesmo com a morte do Roberto, em maio de 2008, o Brancaleone manteve-se reunindo os somaterapeutas em atividade ou em estágio de formação. Nos últimos anos, alguns companheiros surgiram e tantos outros se foram, fruto da luta constante por uma postura ética que fosse compatível com nossas paixões e desejos. Desde a primeira formação, o somaterapeuta João da Mata manteve-se no Brancaleone, dando continuidade ao trabalho original de Freire. Hoje seu desafio tem sido o de continuar as pesquisas da Somaterapia, nos campos terapêutico e pedagógico, e formar novos terapeutas. Ao Brancaleone, sua tarefa atual é de recriar-se e reinventar-se, para que possa seguir como um dos núcleos de pesquisa da Somaterapia.

O ANARQUISMO SOMÁTICO E A TERAPIA

Pela importância que representa para a Soma, gostaria de deixar registrado algumas reflexões em torno do pensamento libertário e sua especificidade a partir do que chamamos de *anarquismo somático*. Suas características estão ligadas à defesa do prazer como valor ético, ao entendimento do corpo como unidade indivisível, à atuação libertária no aqui-e-agora e ao entendimento do ser humano dentro de uma perspectiva bio-psico-social. Ao procurar ir além da divisão política apoiada no arco que corresponde à esquerda e à direita, ambas operando na perspectiva do Estado e na busca de tomada do poder, e propor uma nova ação política, vemos o anarquismo como a ideologia do prazer que combate e resiste à ideologia do sacrifício, amplamente difundida não só pelo neoliberalismo globalizado, mas também pelos cânones do marxismo e da psicanálise, duas teorias arraigadas no imaginário do senso comum.

O anarquismo somático estabelece uma crítica ao ideal arcaico de revolução social, entendido através da tomada do poder e da implantação de qualquer outro, mesmo que este se afirme como libertário. Acreditamos que a atitude libertária se dá no aqui-e-agora, em experiências que buscam relações horizontais, combatendo hierarquias que se estabeleçam enquanto jogos de poder. A Soma enquanto terapia anarquista defende a noção de saúde atrelada a uma dimensão ético-estético-política e, para tal, entende ser necessária a construção de relações apoiadas numa sociabilidade não hierarquizada, construída no exercício prático da autonomia. Acreditamos que as diferentes práticas de poder e dominação, sejam elas econômicas, morais, de gênero e raça, todas elas, operam e produzem efeitos significativos na saúde emocional das pessoas.

Ao utilizar uma metodologia que privilegia a reflexão sobre os jogos de poder, o anarquismo somático está presente no processo da Somaterapia através de uma dinâmica de grupo autogestionária, na valorização das diferenças e na quebra das hierarquias. Nos grupos de terapia, a metodologia autogestiva produz uma análise crítica dos indivíduos que compõem esse micro-laboratório social. Esta aposta no anarquismo ligado ao dia a dia, vivificado na esfera individual e coletiva, especialmente através da autogestão, é o caminho encontrado por nós para a construção e a aplicação deste processo terapêutico.

Ao referir-se ao pensamento libertário presente na Soma, Roberto Freire costumava dizer que ele representava uma forma contemporânea e original de socialismo libertário que, trabalhando o indivíduo em microssociedades experimentais (grupos terapêuticos), leva-o a revolucionar sua microssociedade espontânea (acasalamento, família, amizades, colegas de trabalho). Fundamentalmente, a pessoa que faz Soma vai aprender a viver as pulsões de seu corpo, de seus relacionamentos afetivos, a nova organização familiar, suas inéditas relações de trabalho de forma autogestiva e libertária.

As lutas e ações dos anarquismos sempre estiveram interessadas na formulação de práticas políticas no dia a dia, distantes da burocracia dos partidos e seus políticos profissionais. Uma luta da vida cotidiana em associações que buscam inventar jeitos livres para amar, criar e produzir. Em acontecimentos históricos ou atuais, os anarquismos procuram criar sociabilidades sem a égide do Estado, em acontecimentos heterotópicos nos quais as liberdades individuais e coletivas buscam articulações sem hegemonia de umas sobre as outras.

A noção de heterotopia busca dar conta da efetivação de espaços de liberdade no presente. Contrária à noção clássica de utopia, que nos remete ao futuro distante, no qual lá na frente seremos contemplados por uma vida livre e satisfatória, a heterotopia encarna no aqui-e-agora a construção de pactos de autonomia. O conceito de heterotopia emerge pela primeira vez na obra do filósofo Michel Foucault em *As palavras e as coisas* (1966), quando é examinado apenas em relação ao discurso e à linguagem. No ano seguinte, em 1967, em artigo de poucas páginas escrito na Tunísia, e posteriormente publicado nos anos de 1980, chamado *Outros espaços*, Foucault retorna o conceito, agora lhe ampliando o sentido para um referencial material. Neste artigo, o filósofo está interessado em formular um conceito que carregue a ideia de espaços de invenção e resistência no presente. O autor procura, com isso, romper o sentido de lugares situados no futuro, como espaço privilegiado a ser atingido. Para Michel Foucault, as heterotopias são "lugares reais, lugares efetivos, lugares que são delineados na própria instituição da sociedade e que são espécies de contraposicionamentos, espécies de utopias efetivamente realizadas nas quais os posicionamentos reais, todos os outros posicionamentos reais que se podem encontrar no interior da cultura estão ao mesmo tempo representados, contestados e invertidos, espécies de lugares que estão fora de todos os lugares, embora eles sejam efetivamente localizáveis" (FOUCAULT, 2003, p. 415). Ou seja, as heterotopias são espécies de utopias possíveis, no sentido em que se constituem como espaços reais, localizáveis e atuais, mas cuja característica é a de serem, constitutivamente, outros espaços.

Esta noção nos parece pertinente para pensar os grupos de Soma. Eles se constituem como espaços outros, transitórios e móveis, nos quais podemos experimentar práticas livres, seja por meio da fala franca, do apoio mútuo, do exercício agonístico das diferenças e de uma série de outras ações. Possivelmente um dos mais importantes diferenciais da Soma enquanto processo terapêutico reichiano e em grupo seja a possibilidade de conhecer uma sociabilidade nova, que produza redimensionamentos diante daquelas que são ofertadas ao longo de nossas vidas.

Através do anarquismo somático que permeia o processo da Soma, permanecemos amigos em associações quando respeitamos as diferenças de cada um e buscamos relações sem hierarquias, descobrindo o prazer da produção coletiva na busca da unidade na diversidade. Assim, no decorrer de um grupo de Soma, muitas vezes sofremos com as separações de pessoas que abandonam o processo, seja por resistências à terapia, mudanças de vida ou qualquer outro motivo. Mas constatamos também sua inevitabilidade para continuarmos trabalhando em autogestão.

No alto das possibilidades das virtudes libertárias, a amizade é eleita como a mais soberana e afirmativa das formas de relação com o outro. Ela é eletiva, na medida em que se dá por livre associação, num encontro que passa ao lado do jogo social. Nos coletivos que representam os grupos de Soma, ela costuma emergir numa relação de pessoas concordantes por escolha mútua, sempre provida de uma carga de afetividade. Fundada na cumplicidade, a amizade tende a tornar-se a justa medida do exercício da troca anarquista: a virtude sublime por excelência.

E é esta amizade, com gosto de cumplicidade, que costuma manter coesos os membros dos grupos da Soma. E foi ela também que me fez estar ao lado de Freire nos últimos vinte anos de sua existência. Mesmo no fim da vida, já com muitos problemas de saúde, Roberto Freire ainda militou como amante apaixonado. Ele, mesmo com todos os motivos para se deixar levar pelo cansaço da velhice, não parou de inventar amizade e cumplicidade nem um só instante.

Em tempos de controles e monitoramentos das condutas, é cada vez mais urgente sair das caixas e moldes para expandir nossas ações e relações. Cada um pode e deve governar a si mesmo através das práticas de subjetivação e dos modos de constituição de si como sujeitos, em acontecimentos que ocorrem junto ao outro como contínua e incessante relação. Neste associação, a disputa para ser livre não ocorre com a anulação do diferente, mas ao contrário, ao valorizar a singularidade do outro é que construímos nossa existência. Este desafio situa-se também na lucidez e na certeza que o campo de batalha nunca acaba por completo. Na elaboração de si para a vida livre, podemos contar com aqueles que se situam nos círculos das amizades para aumentar nossas potências e produzir paixões alegres.

Tem sido assim que tenho vivido estas quase três décadas de atividades, convivência e produção na condução da Soma. Nos encontros com tantas pessoas e diferentes grupos, a autogestão e amizade libertária nos une enquanto produzimos trocas, atravessados por movimentos de liberdade, criatividade, solidariedade e amor. Este desejo de continuar acreditando no anarquismo cotidiano, vivificado no dia a dia, me mantém ativo em praticar a Soma com luta e tesão pelo mundo afora. E seguir acreditando na utopia e na paixão vividas no presente.

EROTISMO, SENSUALIDADE E SEXUALIDADE COMO POTÊNCIAS DA VIDA

Foi Wilhelm Reich, o mais radical dissidente da psicanálise freudiana, que trouxe a importância do exercício pleno da sexualidade como arma revolucionária, capaz de promover uma intensificação da vida. Apesar de hoje assistirmos a uma proliferação de temas relacionada ao sexo e mesmo a um amplo comércio em torno dele, parece que estamos distantes da revolução sexual que Reich defendia. Para Reich, os elementos envolvidos nos processos de adoecimento, tanto físico quanto emocional, estavam relacionados à presença de práticas e discursos moralizadores e suas consequências antilibidinais. Segundo ele, a psicologia deveria andar junto com uma análise crítica das relações de poder, a fim de romper com práticas autoritárias presentes nas religiões, escolas e famílias para promover uma revolução social e sexual, simultaneamente.

Sua psicologia vai em direção de uma política sexual libertária, implicada na criação de sociabilidades menos disciplinadoras. Em uma conhecida afirmação, Reich diz que "a família espelha e reproduz a estrutura de Estado", produzindo ali relações de dominação que vão, aos poucos, limitando a capacidade de viver com mais liberdade e poder crítico. Os casamentos entre homem e mulher — baseados na posse, no machismo e em relações monogâmicas compulsórias — assim como a noção de obediência aos pais criam uma estrutura vertical entre os membros implicados. A partir do núcleo familiar, estende-se, segundo ele, uma série de outras práticas sociais, nas quais a hierarquia é entendida como condição natural. Parte de sua crítica à família, assim como às religiões e escolas, ancorava-se no fato de que estes espaços incidem sobre a sexualidade livre das crianças e jovens. Suas práticas disciplinares atuam não apenas sobre o comportamento sexual, mas também sobre a curiosidade intelectual, a criatividade e a espontaneidade. Seria justamente aí, através de processos disciplinares e de controle, que surgiriam indivíduos obedientes ao princípio de autoridade.

A mistificação em torno da autoridade encontra assim terreno fértil para instauração de políticas fascistas. O que interessa mesmo na perspectiva de Wilhelm Reich é uma intensificação da potência da vida, por meio de um vitalismo que perpassa o corpo e a intersubjetividade. Sua aposta reside no exercício da sexualidade como produtora de saúde. No entanto, via uma diferença na relação sexual como fusão junto ao outro e a mera realização do coito, já que sexualizar excessivamente a vida poderia criar uma perigosa falácia de liberação. Para Reich, a afetividade seria capaz de garantir uma entrega emocional, que por sua vez seria responsável por uma dissolução circunstancial do ego, e que provoca uma entrega plena ao outro. Neste sentido, a sexualidade é bem mais ampla que o ato sexual em si, mas está envolvida com a própria vivência cotidiana do erotismo.

A questão é que hoje não se distingue mais o erotismo propriamente dito e a pornografia, algumas vezes tornando-a uma deturpação da noção de erotismo. Enquanto a experiência erótica está relacionada a tudo que diz respeito ao plano das sensações corporais, a pornografia alimenta-se das fantasias e imagens racionais. Vivemos o erotismo hoje em termos de consciência e limitado ao relacionamento sexual. Daí supõe-se que o erotismo só serve para a prática do sexo. Este esvaziamento do erotismo o leva a ser apenas um instrumento para a efetivação do ato sexual.

Erotismo e sensualidade, apesar de quase sempre estarem relacionas ao ato sexual, estão também para além dele. Uma existência sensualista diz respeito ao mundo das sensações, que percorre o corpo afetado pelos sentidos. Assim, é possível sentir uma certa dose de sensualidade no ato de comer uma boa comida, de escutar uma música, em contemplar a beleza. Ou seja, a sensualidade está relaciona a todo prazer que afeta o corpo. Uma existência erótica, percorrida de sensualidade, não precisa apenas do ato sexual para manifestar-se. Ela está presente nos pequenos gestos, no dia a dia, intensificando a vida, percorrida por energias e vitalismo. O que torna o erotismo algo pornográfico é fruto da mesma moral conservadora, base da cultura patriarcal, que procura suprimir os impulsos sensuais e naturais. Isso leva à criação de impulsos secundários, tornando a sexualidade uma mera realização do coito, muitas vezes desprovida de qualquer sentimento. Ao mesmo tempo, ergue-se um conjunto de leis e normas moralistas desastrosas contra a mesma mente humana pornográfica criada pela repressão da sexualidade natural.

Para Reich, a neurose se constitui durante as principais fases da vida: primeira infância, adolescência e idade adulta. Os bebês e as crianças convivem com uma atmosfera familiar muitas vezes neurótica, autoritária e conservadora do ponto de vista sensual e sexual. As exigências dos pais em relação à boa conduta, ao bom comportamento e às autorrestrições, produzem o que na puberdade se configura como desinformação e desconhecimento para uma vida sexual satisfatória. Por fim, na idade adulta, a maioria das pessoas se vê envolvida na armadilha do casamento compulsório, muitas vezes desprovido de um real prazer afetivo e sexual.

Em *A função do orgasmo*, Reich mostra como o orgasmo sexual pleno, além de proporcionar grande prazer, tem uma segunda função capaz de produzir uma poderosa descarga energética, que dissolve as tensões musculares e restitui circunstancialmente o equilíbrio da energia vital. Isto seria alcançado graças ao que Reich chamou de "potência orgástica". Ao relacionar a neurose às perturbações da função genital, a atividade orgástica passa a ter um significado importante no tratamento e elaboração da saúde somática e psíquica de seus pacientes. Se a ênfase colocada por Reich na economia sexual de seus pacientes pode significar uma simplificação das questões envolvendo o adoecimento, serve para alertar as diferenças entre casamentos como contrato social e econômico ou uma associação pautada no desejo. Além do mais, Reich vai estender a noção de orgasmo para além do sexo, ampliando seu conceito para diferentes áreas da vida. Ou seja, ter orgasmos significa entregar-se à plenitude e abandonar-se às experiências: deixar de ser governado.

E neste sentido, a construção de uma vida erótica está apoiada nas experiências diárias de nossos tesões: naquilo que nos traz prazer, beleza e alegria. Para além do tesão como desejo sexual, esta potência emerge nas amizades, nas relações entre pais e filhos, na relação com o trabalho e a criação, enfim, nos inúmeros instantes que fazem da vida acontecimentos imanentes e afirmativos. Possivelmente, a revolução sexual que Wilhelm Reich defendia estava relacionada a esta erotização do cotidiano.

POR UMA ERÓTICA SOLAR

Ainda vivemos com demasiada intensidade um corpo platônico, cindido e esquizofrênico. Cortando em duas partes, a hegemonia do pensamento sobre as sensações continua a reinar fortemente, e sua incidência começa cedo e continua pela vida: em casa, nas escolas, na lógica do trabalho e na produção do dinheiro. A tradição hegemônica do dualismo platônico, radicalizado e pulverizado graças ao esforço do cristianismo, tratou de apontar o corpo como o local do erro. A alma tomada como superior, eterna e imutável, adquire importância e supremacia sobre as sensações corporais, pois delas advém o "desvio moral".

A vitória do platonismo encontra nas religiões monoteístas em geral, fortes aliadas voltadas ao empenho de afastar do corpo a possibilidade de extrair sentidos da própria existência. Este legado representa a vitória de uma visão de mundo idealizada, presa ao campo do imaginário. O platonismo estabelece as bases do abandono do corpo, o desprezo pela carne e pela matéria, e a consequente valorização da alma. Por conseguinte, o discurso apaziguador e dócil das religiões esconde o verdadeiro objetivo de sua moral: a restrição à liberdade e à vivência do prazer. Surge ainda a ideia do corpo como o *locus* do pecado, que passa a partir daí a criar uma série de mistificações sobre o desejo, a sexualidade, os homossexuais, as mulheres e o livre pensamento.

As sequelas, e sob as quais a maior parte das pessoas vive ainda hoje o cotidiano de seus corpos, são bastante conhecidas: culpabilidade, temores, medo, angústia, revolta contra si próprio, sentido de perversidade e desvalorização da carne. Na espreita desse pensamento, fabricam-se a castidade, a virgindade e a vergonha do prazer, para então desaguar no casamento como contrato social, essa sinistra combinação gregária e seu erotismo de rebanho. Pensar, portanto, uma ética voltada à eleição do prazer, significa confrontar-se contra esta tradição, assim como voltar-se para uma filosofia do corpo, atéia e sensualista, que busque combater modos de vida assujeitados e conservadores.

Querer um corpo não cindido, pagão e sensualista é inscrever-se no mundo de forma radicalmente contrária ao ideal ascético, a partir de uma dinâmica que se faz mediante uma energia de que o corpo é portador. A reconciliação com a corporeidade passa inevitavelmente por acabar com os mundos remotos, os céus e os supostos lugares por onde habitam as ideias e as essências. A afirmação de uma erótica solar, ao romper com esta tradição, inscreve a matéria como a própria "instância" onde se origina e se exerce o prazer. Energia que percorre o corpo, movida pelos sentidos, para enfim, produzir nossa inscrição no mundo. A erótica solar é praticada nas carnes vivas, movidas pelo desejo que percorre o corpo em sensações imanentes, distantes de idealismos e transcendências. Desejar deriva da necessidade de uma dinâmica fisiológica, assim como de uma imanência corporal.

O filósofo francês Michel Onfray, na elaboração do que chamou de materialismo hedonista, defende o prazer como virtude ética e elabora uma genealogia possível sobre a moral cristã, considerada por ele como "uma máquina de fazer anjos". Para tal, percorre uma galeria de devassos, cujo trajeto hedonista revela a história de homens e mulheres que não compreendiam a possibilidade de modos de vida sem seus cruzamentos com a insubmissão e o prazer. Homens e mulheres para quem os instantes fugidios da sabedoria aconteciam em co-extensão com os instantes culminantes de rebeldia, satisfação e gozo.

O propósito o qual defende Onfray em seu materialismo hedonista é de colocar-se contra o que julga ser a hipocrisia, a moral moralista, a ideia do pecado e do medo que fazem do corpo e do prazer algo que se deva ter aversão e horror. Por que culpabilizar o desejo e a sensualidade, por exemplo, e não a fome e o descanso? São todas elas sensações percorridas pela matéria. São as morais ascéticas que transformaram o prazer e o gozo em algo que se deva ter vergonha, ser escondido pelo medo da crítica social. Mas na verdade, são sensações fisiológicas que estão para além da classificação de bem ou mal.

Nas filosofias materialistas, a fisiologia está a serviço da liberdade, entendida como a capacidade de exercer a autonomia a partir das informações obtidas no contato com a realidade e das impressões corporais advindas daí. Seguimos na direção daqueles que procuram afirmar um certo monismo filosófico que conduz à invenção do corpo uno e material, radicalmente imanente, que nos forneça informações do mundo a partir do contato direto com ele, distante de qualquer verdade que se coloque como ideia em si. A experiência e a sensação são tomadas como premissas para o acesso ao acontecimento. Corpo em movimento, carne percorrida por energias agradáveis e distantes daquelas desagradáveis: a apropriação da corporeidade produz uma sabedoria do organismo.

Contra o corpo esquizofrênico, comum naqueles que vivem modos de vida acomodados e temerosos, acreditamos que não deva haver depreciação da carne. O dualismo, a alma imaterial, a transcendência ou um além-mundo fazem parte de uma tradição tão forte quanto ficcional. É apenas no aqui-e-agora, no mais puro encontro com o real, que afirmamos nossa existência atomista: a matéria, a vida, o vivo. Uma erótica solar rompe com a lógica que situa o desejo como carência, para então afirmá-lo como transbordamento. O prazer não se define pela completude, mas na conjugação que traz o excesso e a demasia. Sendo descarga, derramamento, o desejo na erótica solar pressupõe excesso, dispêndio de energia e realização do corpo. Aqui, em substituição à noção de algo completar na busca do prazer e toda a mística que se cria em torno dela, emerge o suplemento.

A aposta em uma cultura erótica que entende o prazer como potência se ocupa em produzir efeitos estéticos e júbilos na existência. Como contraponto a uma libido melancólica, a erótica solar é o prazer sem culpa, sem medo. Mais que isso: é o próprio vitalismo que anima a vida. Uma perspectiva ética, que também é estética e tem como objetivo contraposicionamentos e práticas de resistência às morais moralistas. Nas relações libertárias, pautadas no desejo mútuo e na autonomia entre os envolvidos, a erótica solar é vivida entre pessoas que buscam conservar as prerrogativas e o uso de sua liberdade. Ela advém do erotismo que pauta o desejo encarnado, despudorado e inventivo.

Aliás, (re)criar-se nas relações que podemos chamar de amorosas faz parte do espírito livre e rebelde que só aceita estar com outro pela livre associação. Sempre que possível vale à pena nos questionarmos como vivemos nossos amores e o exercício de nosso prazer. A diferença entre uma relação sexual duradoura e o estabelecimento de casamento compulsório é grande. As armadilhas da dependência, do medo e da alienação de si criam um sutil verniz que ofusca a liberdade e a vivência do prazer.

Isso me faz lembrar o libertário e iconoclasta Roberto Freire, quando escreveu em seu *Ame e dê vexame* o que chamou de declaração do amante anarquista: "Porque eu te amo, tu não precisas de mim. Porque tu me amas, eu não preciso de ti. No amor, jamais nos deixamos completar. Somos, um para o outro, deliciosamente desnecessários." Esta é a aposta de uma erótica alegre e solar, que é potência selvagem e sem lei.

O INTOLERÁVEL E A VIDA LIVRE

Já há algum tempo a palavra *terapia* não é a melhor forma para definir a Soma e abranger sua proposta de trabalho. Ao menos, a maneira como este termo normalmente é utilizado, remetendo quase sempre a uma noção de cura. Não acredito que os conflitos humanos possam ser curados, até porque vivemos em sociedades adoecidas, que retroalimentam processos de controle das mais diversas formas, com consequências diretas na vida emocional das pessoas. O que penso ser possível, e isso é urgente, é que cada um consiga desenvolver táticas e agenciamentos nos mais diferentes espaços da malha social, capazes de lidar com as práticas de poder, de forma que estas possam "respingar" o menos possível em nossa vida emocional. Fomentar esse *jogo de cintura* talvez seja uma das mais importantes e potentes formas de estar no mundo. Dessa forma, penso ser a Soma um mais processo experimental — através do qual buscamos perceber e ativar potências criadoras, afetivas e políticas capazes de favorecer cada um na elaboração de vidas afirmativas — que propriamente uma psicoterapia no sentido usual.

Seu papel, mais que eliminar os conflitos emocionais por completo, é de fornecer instrumentos: apresentar uma caixa de ferramentas que são disponibilizadas ao longo do processo do grupo e que, ao final, cada participante as tenha e possa fazer o melhor uso delas, especialmente após o final do processo. Além de romper com esse fetichismo autoritário e comum em muitas práticas psicológicas, de que o *terapeuta* tem algum poder de curar as pessoas, valorizamos o percurso autoral e a autonomia de cada pessoa no manejo de sua existência. O processo terapêutico serve, dessa forma, para incrementar as possibilidades de luta individual e coletiva capazes de enfrentar os mecanismos neurotizantes disseminados na sociedade.

Pensar a vida como percurso inventivo, que nos leve também a uma existência afirmativa, é pensá-la como campo de batalha. Não se criam sentidos jubilosos se não há revolta e insurgência diante do que nos mediocriza. Assim, revoltar-se significa confrontar-se com tudo aquilo que faz diminuir ou arruinar a condição humana. E são muitos os fatores que operam cotidianamente neste sentido: a ação autoritária de Estados, a miséria gerada pelo capitalismo, o racismo estrutural, o machismo e a misoginia, e tantos outros. Sabemos que a lista é enorme e sua engrenagem retroalimenta-se na conhecida dinâmica dominador-dominado ativadas mutualmente. São muitos os agentes que nos produzem incômodos, e todos eles, quase sempre, andam juntos com uma leva de acomodados.

Seria fácil, uma vez percebida a fonte do intolerável, afirmar sua negação e, uma vez constatada a ausência ou perda de sentidos para a própria vida, que cada um agisse de forma a eliminar o incômodo. Assim seria, mas não é. A neurose nos condena à condição existencial tão terrível, que suportamos, feito bestas de cargas, condições insuportáveis. Criam-se leis, tecnologias de gestão de tempo e vida, dispositivos dos mais variados e capazes de dirigir nossas vidas de maneira insípida. Suportar uma vida sem sentido passa a ser algo, em certa medida, administrável.

Ainda na década de 1930, Wilhelm Reich denunciava que a revolução russa estaria fadada ao fracasso, pois o proletário soviético vivia o que chamou de *miséria emocional*. Se num primeiro momento, ele acreditou que a experiência marxista poderia oferecer um contraponto ao capitalismo emergente e seus efeitos na produção de subjetividades, o que acabou por constatar foi que a ditadura do proletariado havia criado uma classe dirigente e autoritária. Observou também que a população não gozava da necessária liberdade como condição humana de vida digna. Para Reich, não era possível criar uma nova organização social se os indivíduos não desfrutassem da liberdade e do prazer como potência de vida.

A miséria emocional cria nas pessoas o medo e necessidade de serem governadas. Acovardadas e carentes de um salvador, geralmente legitimam líderes autoritários, reverenciam um ídolo, seguem dogmas, defendem raivosamente conceitos e preconceitos. Temorosas, não se colocam de frente nas suas críticas, preferem as sombras, o anonimato e a fofoca.

Reich seguia, no âmbito da psicologia, inquietação semelhante àquela descrita pelo jovem Étienne de La Boétie quando dirigia seu espanto não ao tirano, mas aos que aceitavam voluntariamente seu poder. As análises desenvolvidas por La Boétie no campo da filosofia política, se dirigem ao soberano que se coloca como ponto de partida para as relações de hierarquia. Mesmo o soberano sendo rei, ditador ou representante do povo, deve-se obediência a ele, independentemente de ser melhor ou mais legítimo. No entanto, qualquer um que venha a governar condutas será sempre um tirano.

O ato de governar não restringe-se às instituições estatais e aos governos, mas operam em diferentes âmbitos das relações sociais. Na micropolítica, são especialmente nas práticas afetivas que a ação de governo de um sobre outro produz mais estragos. Quando educamos uma criança, quando agenciamos acordos nos relacionamentos amorosos ou quando indicamos a um amigo um caminho a ser seguido podemos, por exemplo, incidir na conduta do outro de tal forma que passamos a criar uma relação de governo sobre aquela pessoa. Resta saber quando operamos como pequenos tiranos sobre *outrem* e/ou fundamentamos nossa própria servidão voluntária. Nas políticas de rebanho, dominadores e dominados convivem no diapasão amor e temor: deveres e obrigações, intercalados por ganhos de ambos os lados.

As análises de La Boétie em seu *Discurso da servidão voluntária* trazem a lucidez de que todo poder se exerce com o assentimento daquele sobre os quais se manifesta. Pensar estratégias de resistências passa necessariamente por esta constatação, para então localizar nossa própria alienação, seu funcionamento e sua trama. O que Reich busca compreender, sem dirigir-se diretamente a La Boétie, é como a neurose estava relacionada à ideia da aceitação do poder. Para ele, o conflito emocional se produz através da incitação à obediência, que começa em casa a partir de uma educação orientada para o consentimento da centralidade e da hierarquia. De início, a obediência aos pais; depois aos professores; aos patrões; e por fim, ao Estado, seja ele representado pela polícia ou tribunais. Para La Boétie, e em certa medida também para Reich, o espanto com os efeitos danosos do autoritarismo se dirige mais aos que obedecem do que a quem os produz.

Neste sentido, acreditamos que viver um processo terapêutico passe, necessariamente, por confrontar-se com as condições que produzem sujeições para criar sociabilidades entre livres. Mas se é difícil enfrentar o poder que opera sobre nós, mais difícil ainda é abrir mão do poder que agimos sobre os outros. A aparente inevitabilidade de sociabilidades hierarquizadas tornam as práticas de poder e sujeição algo comum e banal na existência humana. Romper este ciclo vicioso, com seu ganhos e vantagens, significa literalmente abrir mão das práticas intoleráveis que acabam por tornar-se aceitáveis no jogo social.

Se não confrontamos o intolerável nas mais variadas formas de autoritarismos, especialmente as mais sutis, acabamos por ficar acomodados diante dos fatos. No chamado *último Foucault*, o filósofo francês nos alerta para uma das características mais marcantes da moral burguesa: a acomodação. Resumidamente, Michel Foucault assinala a acomodação como uma escolha estratégica em manter uma certa "ignorância", em conservar valores e acima de tudo, em viver uma existência de pouco risco e com as garantias da segurança, para então tornar a acomodação um processo de normalização.

Em suas análises, Foucault contrapõe a acomodação ao modo de vida artista: possibilidade, através da qual construímos nossos caminhos, elaboramos nossas vidas de maneira autoral. O modo de vida artista não diz respeito ao percurso artístico de um determinado artista, mas um modo de vida libertário singular que cada um pode e deve criar — desde que deseje produzir sentidos em sua vida — para elaborar-se como obra de arte. Representa também um modo de resistência e luta pela autonomia, com o objetivo de afirmar contraposicionamentos diante das técnicas de controle e padrões normalizadores.

Roberto Freire, ao criar a Soma e defendê-la como um processo terapêutico transformador diante das práticas autoritárias e neurotizantes, trazia incessantemente a noção do *tesão* como potência revolucionária. Destacava como é importante viver o que nos dá tesão como referência e confirmação de nossa singularidade. A afirmação do tesão tem, inegavelmente, uma força política. Pode-se perceber como é na perda do prazer em que se apoia o autoritarismo. As relações autoritárias sugerem uma sujeição da vida humana, para então se viver com menor intensidade e potência. A necessidade de poder corresponde a uma impossibilidade de se viver os prazeres relativos da existência cotidiana.

Assim, Freire defendia um olhar crítico sobre a presença de poder em nós: o poder como aquilo que também pode levar a mecanismos patológicos que nos impedem de viver criativamente, e de inventar uma nova existência, mais prazerosa, lúdica, e ligada àquilo que nos desperta paixão pela vida, para então seguir a vida na elaboração de vidas artistas e livres. Viver o tesão é uma grande arma que dispomos para lutar contra as limitações que impedem as transformações existenciais individuais e coletivas e para incrementar a liberdade que se produz pelo prazer de estar vivo.

Como mostramos em alguns momentos, a Soma emerge diante das prática intoleráveis do regime de exceção produzido pelos militares, com apoio da sociedade civil e dos empresários brasileiros. Na data de publicação deste livro, assistimos ao recrudescimento do conservadorismo que aponta para diferentes matizes, inclusive, na eleição de um governo com fortes tintas autoritárias. Se os abusos cometidos pela ditadura civil-militar surgia a partir de um golpe de Estado, hoje foram as vias da democracia representativa as responsáveis pelo surgimento do autoritarismo a que assistimos.

Mais que nunca, a Soma afirma-se como processo libertário, interessada em oferecer instrumentos de luta que auxiliem quem a procura, afim de lidar com os abusos postos diante de nossas vidas. Foi assim no passado e mantem-se no presente. Viver seu processo, aprender pela experiência vivificada na micropolítica de um grupo e manejar as ferramentas que possam ser usadas para afirmar uma *vida outra*, é o contraponto que acreditamos ser possível e necessário para lidar com os micofascismos do cotidiano.

Nota

Este livro representa um primeiro contato com a teoria e prática da Somaterapia, voltado para as pessoas que se interessam por nosso trabalho. Nos livros do escritor Roberto Freire, você poderá encontrar uma vasta abordagem de temas que ampliam o entendimento e a compreensão da Soma. Mas são especialmente os livros *O tesão pela vida* (Ed. Francis) em que Freire e outros somaterapeutas apresentam de maneira ampla e detalhada os principais conceitos ligados à Soma. O livro *Soma – A arma é o corpo – Vol 2* aborda especialmente sua metodologia. Há também *A liberdade do corpo* (Ed. Imaginário) e *Dinâmica de grupo e autogestão* (Ed. Clássica), ambos de João da Mata, que atualizam conceitos e práticas da Soma.

Roberto Freire construiu uma grande obra, algo em torno de trinta livros, cujo tema central é a liberdade. Livros como *Utopia e paixão*, *Sem tesão não há solução* e *Ame e dê vexame* além de terem sido *best-seller* durantes vários anos, marcaram uma posição libertária na cultura brasileira. Alguns de seus romances, como *Cleo e Daniel* e *Coiote* seguem esta mesma perspectiva, expandindo a temática da liberdade ao amor.

Portanto, quem se interessa pela Soma e seus temas correlatos, tem nestes livros uma importante contribuição, além de uma entrada ao pensamento libertário. Há também algumas pesquisas acadêmicas, em mestrado e doutorado, em que a Somaterapia figura como objeto de estudo.

Como a Soma é constituída a partir de um campo transdisciplinar, recomendamos a leitura de autores fundamentais para nós, tais como: Wilhelm Reich, Friedrich Perls, David Cooper, Ronald Lang, Alexander Lowen, Michel Foucault, Michel Onfray; e autores libertários como: Max Stirner, Mikail Bakunin, Joseph Proudhon, Hakim Bey, José Maria Carvalho Ferreira e tantos outros. No Brasil, destacamos as pesquisas da Margareth Rago, Sílvio Galo, Sérgio Norte, entre outros e do Núcleo de Sociabilidade Libertária (Nu-Sol), da PUC-SP, contempladas nos trabalhos de Edson Passetti, Acácio Augusto, Salete Oliveira, Thiago Rodriguez e demais membros.

A formação de um somaterapeuta abrange um tempo de quatro anos em média. Um ano de terapia, um ano como assistente de grupo e estudos teóricos e um ano como co-terapeuta de grupo e complementação teórica. No quarto ano, ele terá o seu próprio grupo e trabalhará fazendo a sua própria terapia (individual) e recebendo supervisão de seu trabalho por um somaterapeuta mais experiente.

PARA OBTER MAIS INFORMAÇÕES SOBRE A SOMA

Site: <www.somaterapia.com.br>
Canal da Soma no YouTube: somaterapia
E-mail: joaodamata@somaterapia.com.br

Adverte-se aos curiosos que se imprimiu este livro em nossas oficinas, em 13 de agosto de 2020, em tipologia Libertine, com diversos sofwares livres, entre eles, LuaLaTeX, git & ruby.
(v. 0721049)